Marketing und Kommunikation für Architekten

Viele Menschen fragen sich:

Marketing und Kommunikation für Architekten
– Grundlagen, Strategien und Praxis

Edgar Haupt und **Manuel Kubitza** [Hg.]

Birkhäuser – Verlag für Architektur
Basel · Boston · Berlin

Die Deutsche Bibliothek – CIP-Einheitsaufnahme

Marketing und Kommunikation für Architekten : Grundlagen, Strategien und Praxis / Edgar Haupt ;
Manuel Kubitza, Hg. - Basel ; Boston ; Berlin : Birkhäuser, 2002
Engl. Ausg. u.d.T.: Marketing and communication for architects
ISBN 3-7643-6570-6

© 2002 Birkhäuser – Verlag für Architektur, Postfach 133, CH-4010 Basel, Schweiz
Ein Unternehmen der Fachverlagsgruppe BertelsmannSpringer

Dieses Buch ist auch in einer englischen Ausgabe erschienen [ISBN 3-7643-6571-4]

Gedruckt auf säurefreiem Papier, hergestellt aus chlorfrei gebleichtem Zellstoff. TCF∞
Gestaltung: Manuel Kubitza, Büro für Gestaltung und Kommunikation, Köln
Printed in Germany
ISBN 3-7643-6570-6

9 8 7 6 5 4 3 2 1
www.birkhauser.ch

Inhalt

Wozu brauchen wir eigentlich Architekten?

Architektur ist ein Geschäft
– Erfolg eine Frage der Strategie

In ihren Vorstellungen entwerfen Architekten Bauwerke, die die nächsten Jahrhunderte überdauern werden. Zukünftige Generationen sollen sich ehrfurchtsvoll an den genialen Baumeister erinnern. Doch die Realität ist anders: Aufträge bleiben aus. Die Betriebsamkeit der Mitarbeiter ist eisiger Stille gewichen. So ähnliche Szenarien sind keine Seltenheit, denn die Arbeitsbedingungen für freie Architekten sind schwierig geworden. Die zunehmende Liberalisierung der nationalen und internationalen Märkte sowie die ständig wachsende Zahl von Mitbewerbern – freien und gewerblichen Planern – haben die Arbeitsbedingungen und die Konkurrenzsituation existentiell verschärft. Dazu kommt ein weit verbreitetes schlechtes Image des Berufsstandes. Strategisches Marketing heißt die Maxime für das Architekturbüro der Zukunft: Markt- und Kundenorientierung sowie überzeugende Kommunikation von Architekturqualitäten und Architektenleistungen. Nur der unternehmerisch denkende und agierende Architekt kann auch kreativ schaffender Architekt bleiben.

Das vorliegende Buch gibt Hilfestellungen bei der Entwicklung architektenbezogener Marketingkonzepte. Ziel ist es, unternehmerische Handlungsfähigkeit herzustellen: in der Ausformulierung strategischer Unternehmenskonzepte sowie in der strategischen Gestaltung und dem professionellen Einsatz der Marketingwerkzeuge Kommunikationsdesign, Visualisierung und Öffentlichkeitsarbeit.

Marketing beruht auf einer Methode, ist in der Umsetzung allerdings an das individuelle Schaffen des Architekten gebunden. Um sich auf dem Architekturmarkt langfristig zu positionieren, sind Einzigartigkeit und Unverwechselbarkeit unbedingt notwendig. Strategien sind daher stets individuell. Beispiele aus der Praxis illustrieren das vielfältige Spektrum von marktorientierten und architekturgerechten Marketingkonzepten – erfolgreiche Strategien, die architektonisches Schaffen mit dem Geschäft Architektur vereinen.

1)

2)

3)

4)

fig. b

Architekturbüro am Markt positionieren

Architekten müssen in der Berufsausübung neue Wege gehen. Es gilt, in den klassischen Tätigkeitsbereichen Kompetenz zu beweisen, darüber hinaus zusätzliche Arbeitsfelder zu erschließen und nicht zuletzt auch das Image zu verbessern. Markt- und Kundenorientierung stehen dabei an erster Stelle. Dies erfordert vom Architekten eine Positionierung als Autor und als Dienstleister in Sachen Architektur – die Synthese von Künstler und Kaufmann. Die Methodik dazu liefert das strategische Marketing.

Marketing ist eine unternehmerische Konzeption, die davon ausgeht, dass sich alle unternehmerischen Aktivitäten zur Erreichung der Unternehmensziele [Verkauf und Vertrieb von Produkten oder Leistungen] immer am Markt zu orientieren haben. Hinter diesem Marketingbegriff – der für traditionelle Architekten ein Umdenken erfordert – steht ein Verfahren der Ist-Analyse und Zieldefinition, ein Cluster von Handlungs-, Akquisitions- und Kommunikationsstrategien.

In der Ist-Analyse lauten die wichtigsten Fragen des Architekten:

▸ Was sind meine Stärken und Schwächen?

▸ Was unterscheidet mich von der Konkurrenz?

▸ Wer sind meine Kunden?

Die wichtigsten Fragen der Zieldefinition lauten:

▸ Wie entwickelt sich der Markt?

▸ Wo will ich in 3, 5 und in 10 Jahren stehen?

Die wichtigste Frage für die Strategieentwicklung lautet:

▸ Wie erreiche ich diese Ziele?

Aus den Antworten folgt die Aufstellung am Markt – eine zunächst ideell formulierte Zielsetzung, deren Umsetzung alle Tätigkeiten eines Büros bestimmt. Fragen und Antworten können ergeben, dass der Architekt sich schon gut aufgestellt hat, können aber auch eine grundlegende Neuaufstellung erforderlich machen. Zentrales Ergebnis aus Ist-Analyse und Zieldefinition ist jedenfalls die Identität: das unverwechselbare Selbst- und Leistungsbild [Corporate

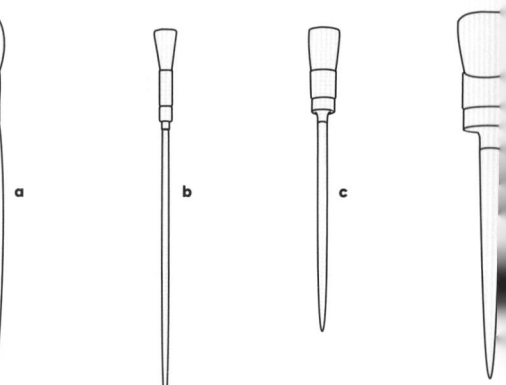

Identity] des Architekten. Dieses fokussiert in der *Dienstleistungsmarke Architekturbüro*, dem individuellen kreativen und fachlichen Dienstleistungsangebot.

Die jeweiligen Markenwerte sind die Pfründe des Architekten, mit denen er für sich wirbt. Markenbildung, also die Profilierung und die Kommunikation der Identität sowie der spezifischen Kompetenzen [Corporate Mission], ist daher die Basis jeder Positionierung und Akquisition. Unabdingbar hierfür sind die Eigeninitiative des Architekten [Selbstmarketing], der unmittelbare Kontakt zu potenziellen Kunden [Direktmarketing] sowie die Kontaktpflege [Beziehungsmarketing].

Strategisches Marketing ist eine Methode, die auf individuelle Situationen zugeschnitten wird. Als solche ist sie daher unabhängig von der Größe, den Aufgaben und dem Standort eines Büros.

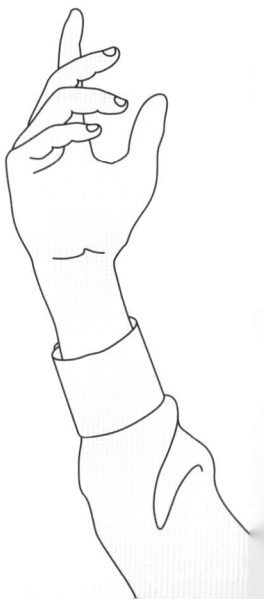

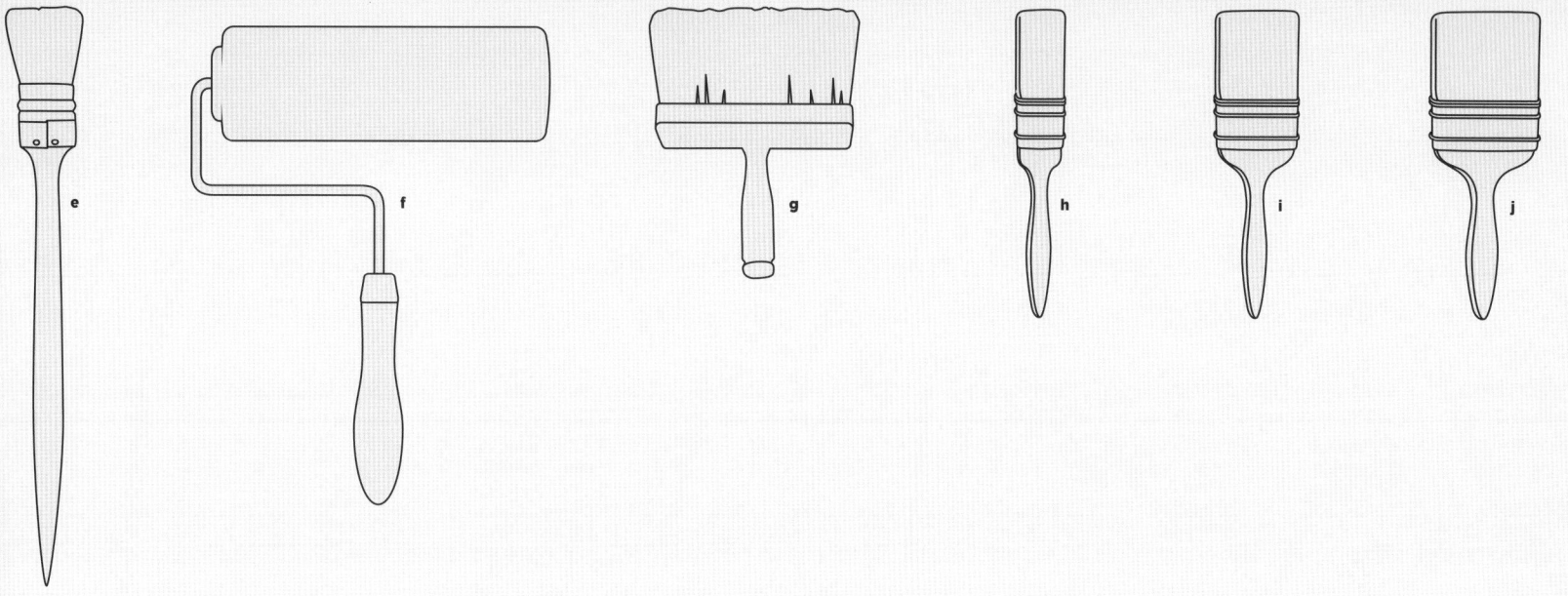

e f g h i j

Kommunikation strategisch gestalten und einsetzen

Markenwerte authentisch und glaubwürdig zu vermitteln ist Aufgabe der Unternehmenskommunikation. Ziel ist die überzeugende Darstellung und Vermittlung spezifischer Architekturqualitäten und Architektenleistungen. Marketing und Kommunikation sind also die sprichwörtlich beiden Seiten ein und derselben Medaille. Der Architekt spricht durch seine Bauten – so ein geflügeltes Wort in Fachkreisen. Wie aber können Bauwerke das büroeigene Leistungsspektrum sowie Qualitäten der Projektabwicklung oder den Service vermitteln? Bauten sind zwar ein zentrales und vor allem augenscheinliches Werbemittel des Architekten. Sie zeigen allerdings nur das fertige Produkt, Kompetenzen auf dem Weg dorthin werden durch sie überhaupt nicht kommuniziert. Werbung für Architekten ist jedoch sowohl Werbung für das *Architekturprodukt* als auch für die *Dienstleistung* des Planers. Bei aller gebotenen Sachlichkeit gilt es deshalb, Qualitäten aus der fachlichen Abstraktion in die Erfahrungswelt der Bauherren, der Investoren und der Öffentlichkeit zu übertragen und so deren Wahrnehmungs- und Kommunikationsmuster anzusprechen. Erfolgreiche Akquisition agiert deshalb auf unterschiedlichen Ebenen mit folgenden Kommunikationswerkzeugen:

▸ Kommunikationsdesign
▸ Visualisierung
▸ Öffentlichkeitsarbeit/Public Relations
▸ Beziehungspflege.

Diese Werkzeuge sind elementare Bestandteile des strategischen Marketings, werden folglich nach den individuell formulierten strategischen Zielen gestaltet und eingesetzt – abhängig von der angestrebten Positionierung, den Kommunikationszielen und den Zielgruppen. Kommunikation braucht Medien. Diese, ob Print- oder elektronische Medien, sind ebenfalls konsequent strategisch auszuwählen und einzusetzen.

Zielgruppen treffen

Durch Kommunikationsdesign erhält die Marke Architekturbüro ihre unverwechselbare visuelle Kennzeichnung. Die Gestaltung von Kommunikation betrifft nicht nur das mediale Erscheinungsbild, sondern bezieht Öffentlichkeitsarbeit/Public Relations und Beziehungspflege explizit mit ein. Die Sprache des Architekten ist eben nicht nur das Bild, sondern ebenso das Wort und im übertragenen Sinne auch das Auftreten in Fachwelt und Öffentlichkeit. Kommunikationsdesign ist ein zentrales Instrument zur Imagekommunikation. Über die Gestaltung des Selbstbildes versucht der Architekt ein positives und möglichst überzeugendes Fremdbild, nicht zuletzt eine Beauftragung, zu erreichen. Originäres Kommunikationsdesign des Architekten ist deshalb die Visualisierung: die Darstellung von Architekturideen. Aufgrund der nahezu einzigartigen anonymen Wettbewerbssituationen in der Architekturbranche sind Visualisierungen wichtige Akquisitionsinstrumente; Art und Auswahl beruhen daher ebenfalls auf markenorientierten und strategiegerechten Erwägungen.

Öffentlichkeitsarbeit und Beziehungspflege beginnen im Büro, richten sich nach außen und innen. Die Basis eines jeden Marketingkonzeptes ist das Büro mit all seinen fachlichen und persönlichen Kompetenzen. Hier werden Strategien entwickelt und tagtäglich umgesetzt. Über die interne Kommunikation werden Inhalte vermittelt; Mitarbeiter sind außerdem authentische Kommunikationsträger für das Büro. Externe Kommunikation, von der Pressearbeit über Ausstellungen bis zu Events, sorgt dafür, dass der Architekt wahrgenommen wird: als originärer Vertreter der Architektur und als Person des öffentlichen Lebens. Dafür muss sich der Architekt einmischen, an der Meinungsbildung teilnehmen: Er muss kommunizieren statt kommuniziert zu werden.

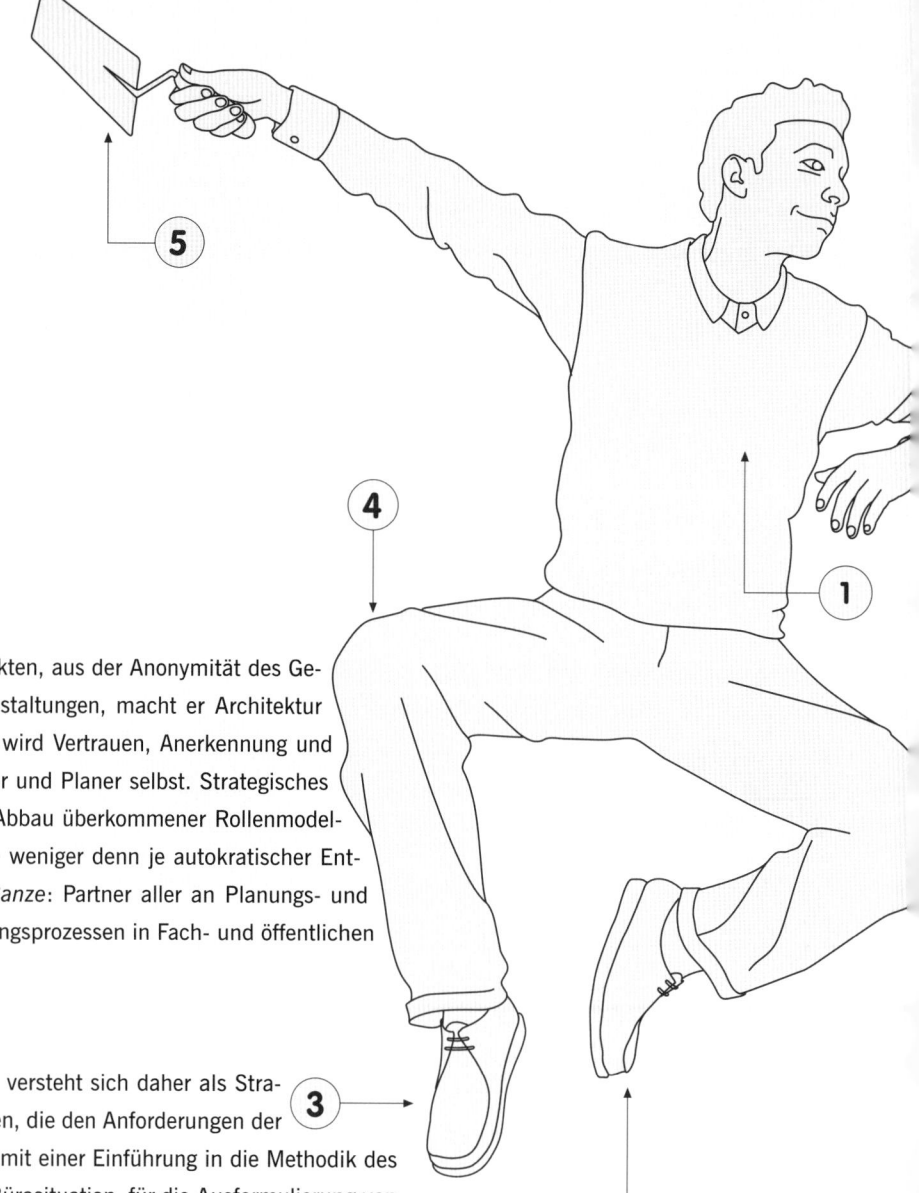

Gemeinsam neue Qualitäten erreichen

Öffentlichkeitsarbeit und Beziehungspflege ermöglichen es dem Architekten, aus der Anonymität des Gebauten herauszutreten. Mittels aktiver Kommunikation, insbesondere Veranstaltungen, macht er Architektur und Architektenleistung zu einem Qualitätserlebnis. Über Beziehungspflege wird Vertrauen, Anerkennung und Wertschätzung geschaffen: für das Produkt Architektur wie für den Entwerfer und Planer selbst. Strategisches Marketing, also Markt- und Kundenorientierung, zielt ausdrücklich auf den Abbau überkommener Rollenmodelle. Der Architekt, in seinem Berufsbild als Autor und Dienstleister, ist heute weniger denn je autokratischer Entscheider, sondern im Sinne Meinhard von Gerkans der *Spezialist für das Ganze*: Partner aller an Planungs- und Bauprozessen Beteiligter, Moderator von Architektur betreffenden Entscheidungsprozessen in Fach- und öffentlichen Kreisen, Anwalt für den Bauherren und die Nutzer.

Marketing strategisch und individuell zum Erfolg bringen

Am Anfang jeden Marketings steht die Strategie. Das vorliegende Buch versteht sich daher als Strategieratgeber, gibt Hilfestellungen bei der Entwicklung von Marketingkonzepten, die den Anforderungen der Branche wie des Berufsstandes entsprechen. Es beginnt folglich in Kapitel 1 mit einer Einführung in die Methodik des strategischen Marketings – sie ist die Grundlage für die Analyse der eigenen Bürosituation, für die Ausformulierung von Visionen und Geschäftsideen, schließlich die daraus folgende Entwicklung individueller Strategien. Auf die Methodik folgt in Kapitel 2 die Darstellung von Kommunikationsdesign als strategisches Werkzeug zur visuellen Prägung und medialen Vermittlung der Dienstleistungsmarke Architekturbüro in Print- und Onlinemedien. In Kapitel 3 werden Strategien zum Einsatz von Visualisierungen zur Positionierung und Akquistion vorgestellt. Kapitel 4 gibt Anleitungen zur professionellen Unternehmenskommunikation im und außerhalb des Büros. Kapitel 5 schließlich illustriert erfolgreiche Inszenierungen von Architektur und Architektenleistungen im Rampenlicht der Öffentlichkeit. Die vertiefende Darstel-

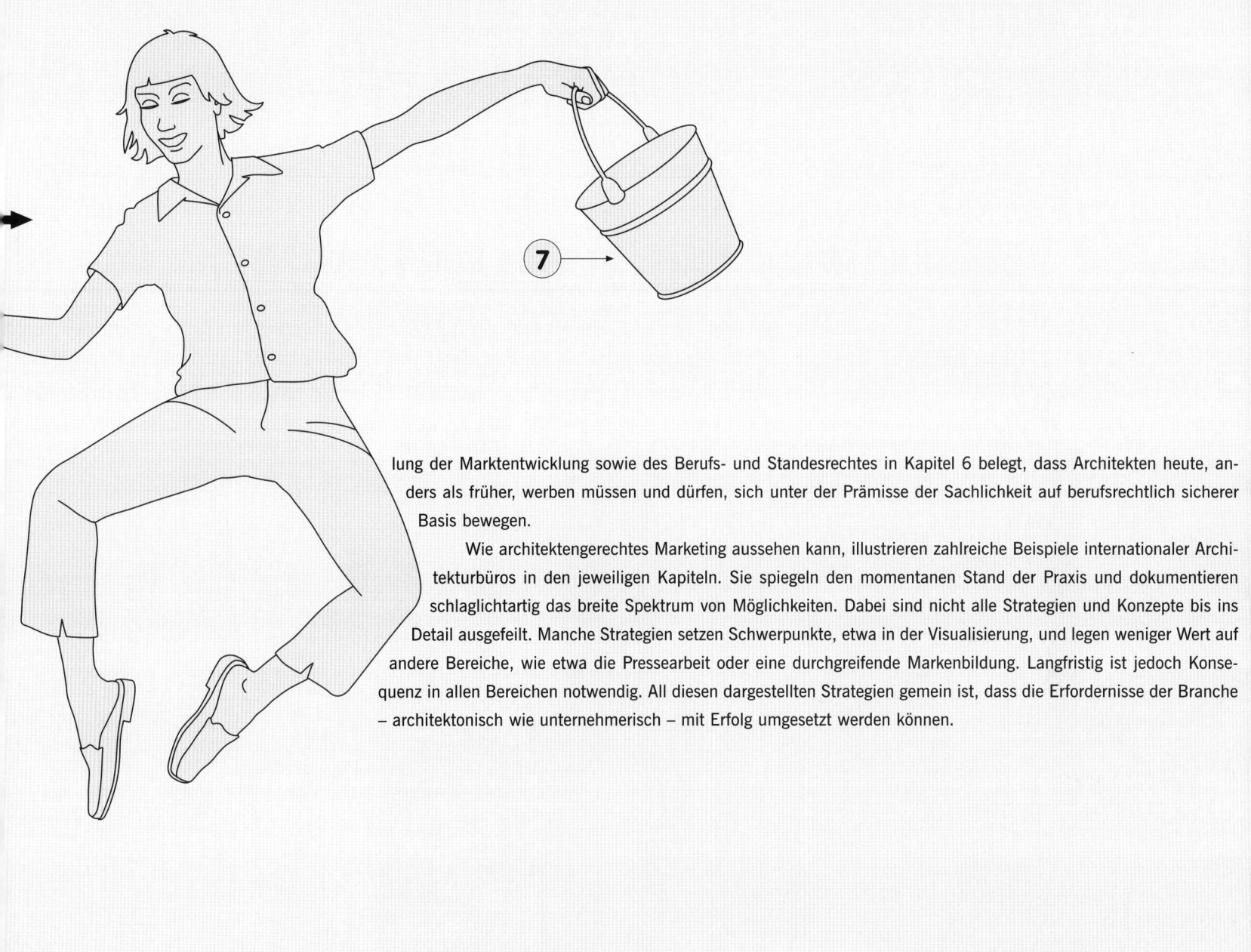

lung der Marktentwicklung sowie des Berufs- und Standesrechtes in Kapitel 6 belegt, dass Architekten heute, anders als früher, werben müssen und dürfen, sich unter der Prämisse der Sachlichkeit auf berufsrechtlich sicherer Basis bewegen.

Wie architektengerechtes Marketing aussehen kann, illustrieren zahlreiche Beispiele internationaler Architekturbüros in den jeweiligen Kapiteln. Sie spiegeln den momentanen Stand der Praxis und dokumentieren schlaglichtartig das breite Spektrum von Möglichkeiten. Dabei sind nicht alle Strategien und Konzepte bis ins Detail ausgefeilt. Manche Strategien setzen Schwerpunkte, etwa in der Visualisierung, und legen weniger Wert auf andere Bereiche, wie etwa die Pressearbeit oder eine durchgreifende Markenbildung. Langfristig ist jedoch Konsequenz in allen Bereichen notwendig. All diesen dargestellten Strategien gemein ist, dass die Erfordernisse der Branche – architektonisch wie unternehmerisch – mit Erfolg umgesetzt werden können.

Bauen ist doch ganz einfach.

Man nehme: Ein bisschen Wasser, ein bisschen Grün …

„Wer keine Visionen hat, vermag weder große Hoffnungen zu erfüllen, noch große Vorhaben zu verwirklichen." Diese Erkenntnis von Thomas Woodrow Wilson [1856-1924], 28. Präsident der USA, gilt auch heute noch und lässt sich 1:1 auf das Unternehmen Architektur übertragen. Basis jeden Geschäftserfolges ist die Unternehmensvision. Aus ihr entstehen Unternehmensgrundsätze und -ziele. Klare Zielvorstellungen zeigen Wege und gewährleisten sichere Orientierung. Um eine Vision tatsächlich zu erreichen, benötigt der Architekt ein Handlungskonzept: eine am Architekturmarkt orientierte Strategie mit den Prozess begleitender Erfolgskontrolle. Strategisches Marketing beginnt mit der Analyse von Angebot und Markt: der Bürosituation, eigenen Stärken und Schwächen, Marktentwicklungen und -anforderungen, Konkurrenz und Standortfaktoren. Darauf folgt die Definition der Zielmärkte und die Positionierung durch Marktsegmentierung – verknüpft mit der Positionierung durch die Bildung einer Dienstleistungsmarke. Am Ende der Kette steht die Entwicklung von Akquisitionsstrategien: der individuelle und gezielte Einsatz von Akquisitionsinstrumenten aus Kommunikationsdesign, Visualisierung und Öffentlichkeitsarbeit. Die Erfüllung großer Visionen ist nichts für Einzelkämpfer. Teil des strategischen Marketings ist daher die Zusammenarbeit mit Partnern – zur Positionierung [Image] und Akquisition.

/Erfolg ist planbar – Ungesteuertes steuern

Von Edgar Haupt und Manuel Kubitza

Marketing ist ein grundlegendes Denk- und Handlungsmuster: das Führen des Unternehmens Architektur vom Markt her. Konzeptionelles Marketing beginnt bei der Vision, der Geschäftsidee. Diese ist Leitbild für das Büro und Motivation für Inhaber und Mitarbeiter. Gemeint sind jedoch nicht nur schöne und vielleicht einmal berühmte Bauwerke, sondern Unternehmensvisionen, aus denen konkrete Unternehmens- und Marketingziele entwickelt werden, insbesondere Umsatzzahlen und Marktanteile. Aus der avisierten Marktstellung/Positionierung leiten sich demnach Umsatzplan, Personalplan, Liquiditätsplan, Rentabilitätsvorschau und schließlich Maßnahmen zur Akquisition ab.

Erfolgreiches Marketing beruht auf systematischem, dabei gleichermaßen rationalem wie intuitivem Durchdenken des künftigen Markt- und Unternehmensgeschehens und folglich auf strategisch betriebenen Handlungskonzepten.

Die **Elemente des konzeptionellen/strategischen Marketings** sind:

▶ Formulierung von Unternehmensphilosophie und Marketingpolitik [Serviceorientierung]

▶ Analyse der Büro- und Marktsituation [Situations- und Konkurrenzanalyse]

▶ Positionierung mittels Marktsegmentierung

▶ Positionierung mittels Markenbildung [Identitätsstiftung und Imagebildung]

▶ Entwicklung von Akquisitionsstrategien [Kommunikation, Allianzen]

▶ Einsatz und Gestaltung von Akquisitionsinstrumenten

▶ Budgetierung und Controlling des Marketingmanagements

In allen Bereichen werden anhand kritischer Hinterfragung – Worum geht es? Wie ist das Vorgehen? Wer ist verantwortlich? – Handlungsweisen, Strukturen und Verantwortlichkeiten definiert.

Unternehmensphilosophie und Marketingpolitik

Ob bei Neugründung oder Neuorganisation, am Anfang jeglichen Marketings stehen die Fragen nach der Identität: Wer bin ich, was kann ich, was will ich? Wo liegen Kompetenzen und Schwächen, Schwerpunkte und Ziele? Die Identität des Architekten bzw. des Büros ist Dreh- und Angelpunkt in der Positionierung auf dem Architekturmarkt: in der Selbstdarstellung, in der Darstellung von Ideen und Entwürfen, in der Marken- und Imagebildung, in der Öffentlichkeitsarbeit und der Akquisition. Identität geht einher mit der Unternehmensphilosophie und auch der Haltung des Architekten. Die Unternehmensphilosophie bestimmt die Marketingpolitik, also alle inhaltlichen und strukturellen Maßnahmen der Unternehmensführung.

Inhalte der Unternehmensphilosophie

▶ Vision und Motivation

▶ Leistungsprofil, Kompetenzen

▶ Erscheinungsbild und Kommunikation

▶ Wirtschaftliche Situation

▶ Weiterentwicklung des Büros

▶ Mitarbeiterauswahl und -führung

▶ Umgang mit dem Kunden/Serviceorientierung

▶ Umgang mit Partnern

Serviceorientierung

Zentrale Motivation, gerade auch für den Architekten als Autor kreativer Leistungen, sind stets die Bedürfnisse des Kunden: des Bauherrn, des Investors und auch des Nutzers von Bauwerken. Wichtige Aspekte der Marketingpolitik sind daher ein partnerschaftliches Kundenverständnis, die Serviceorientierung und die aktive Akquisition, beginnend bei einer akquisitorischen, nämlich dienstleistungsorientierten Grundhaltung aller Mitarbeiter. Kompetenz und Freundlichkeit bei jedem Kontakt und von jedem Mitarbeiter – was so einfach klingt, kann in der Praxis, insbesondere bei Problemen mit bestehenden Kunden, schwierig umzusetzen sein. Doch wenn Bauherren, Fachingenieure, Handwerker und Lieferanten sich gut aufgehoben fühlen, sind diese die besten Partner und Werbeträger für das Architekturbüro.

Analyse der Büro- und Marktsituation

Die Formulierung der Unternehmensphilosophie und die Etablierung einer Marketingpolitik basieren auf einer Reihe von Analysen: der Situations- oder Status-quo-Analyse von Büro und Markt, der Kunden [Zielgruppen] sowie der Konkurrenz. Die präzise und schonungslose Untersuchung des eigenen Unternehmens sowie des Marktes ist notwendige Voraussetzung für eine realistische Beurteilung der Situation. Nur so lassen sich die richtigen Entscheidungen und Maßnahmen zur künftigen Unternehmensführung einleiten.

Erster Schritt der Status-quo-Analyse ist die **Beurteilung der Ist-Situation des Büros**, die Definition persönlicher und unternehmerischer Stärken und Schwächen. Parameter sind:

▶ Motivation zur Selbstständigkeit

▶ Strategie: Zieldefinition und Erstellung eines Zielkataloges mit Verfahrensschritten

▶ Größe und Leistungsfähigkeit: Umsatz, Mitarbeiterzahl, Standorte, Kompetenzen, Tätigkeitsfelder

▶ Leistungsangebot im Büro: technische Ausstattung, eventuell Spezialisierung durch besonders qualifizierte Mitarbeiter oder Ausweitung durch externe Partner [vom Makler bis zum Facility Manager]

▶ Marktauftritt: Image [ist Eigenbild mit Fremdbild identisch?], Struktur und Effektivität, Öffentlichkeitsarbeit

▶ Interne Organisation und Qualitätssicherung: Personalplanung, Weiterbildung usw.

▶ Kunden- und Serviceorientierung im Büro: Umgang mit Vorleistungen; Ansprechpartner

▶ Wertschätzung und Beurteilung durch Auftraggeber

SWOT-Analyse

Eine einfache und schnelle Methode zur Beurteilung der Ausgangslage ist die SWOT-Analyse. Diese kann auch für einzelne Projekte, beispielsweise zur Risikoabschätzung, angewandt werden.

- ▸ **S**trengths [Stärken]
- ▸ **W**eakness [Schwächen]
- ▸ **O**pportunities [Chancen]
- ▸ **T**hreats [Risiken]

Die Stärken und Schwächen beziehen sich immer auf die gegenwärtige *interne* Situation. Bei den Chancen und Risiken betrachtet man den Markt der Zukunft. Man beginnt zunächst mit den persönlichen Fähigkeiten und Voraussetzungen. Danach werden nach dem gleichen System die unternehmerischen Voraussetzungen analysiert. Die SWOT-Analyse dokumentiert die momentane Einschätzung der Lage. Zu späteren Zeiten sollte die SWOT-Analyse wiederholt, fehlende Angaben sollten ergänzt werden.

▸ **Fragen:**

Stärken	Schwächen
Was lief gut?	Was war schwierig?
Was sind die eigenen Stärken?	Wo liegen eigene Fallen, Barrieren?
Was war motivierend?	Welche Störungen behinderten?
Wo steht man momentan?	Was fehlt?

Chancen	Risiken
Was sind die Zukunftschancen?	Wo lauern künftig Gefahren?
Was könnte ausgebaut werden?	Was kommt an Schwierigkeiten auf
Verbesserungsmö...keiten?	das Büro zu?
Was liegt noch brach?	Risiken? Kritische Faktoren?

▸ *Beispiel:*

Stärken	*Schwächen*
z.B. großes Know-how,	*z.B. zu geringe personelle*
hohe Flexibilität,	*Kapazitäten*
gute technische Ausstattung	

Chancen	*Risiken*
kann anspruchsvolle Projekte	*zu schnelles Bürowachstum,*
übernehmen, Personal einstellen	*zu wenig Führungserfahrung*

Marktanalyse

Im zweiten Schritt der Status-quo-Analyse folgt die Analyse des Marktes. Die Fragen für den Architekten lauten hier: Wer sind meine Kunden? Was sind deren Interessen? Können meine Leistungen die geforderten Qualitäten erbringen und wie unterscheide ich mich von der Konkurrenz? Aus den Antworten folgt die Definition eines Leistungsangebotes für eine oder mehrere Zielgruppen. Der Markt ist einem ständigen Wandel unterzogen. Das Verhalten der Kunden ändert sich, neue Entwicklungen zeichnen sich ab, neue Produkte und Mitwettbewerber kommen auf den Markt, die Konkurrenzsituation wechselt. Planungsbüros müssen wissen, auf welchen Märkten sie Chancen haben. Um Abweichungen rechtzeitig zu erkennen, ist eine regelmäßige **Soll-/Ist-Analyse** notwendig.

Marktentwicklung
- ▶ Wo liegen die [neuen] Märkte für Architekturbüros?
- ▶ In welchen Bereichen wird investiert?
- ▶ Welche Veränderungen sind zu erwarten?
- ▶ Wie sehen die Markt- und Wachstumstrends aus?
- ▶ Wo gibt es Kunden?
- ▶ Welche Leistungsbereiche werden in Zukunft eine Rolle spielen?

Kunden/Zielgruppen
- ▶ Welche Interessen, Bedürfnisse, Erwartungen bestehen vom Büro an die Kunden und welche von den Kunden an das Büro?
- ▶ Ist die Zielgruppe bereit, für das Produkt bzw. die Leistung zu bezahlen?
- ▶ Wie ist die Kunden- und Serviceorientierung im Büro [Umgang mit Vorleistungen, Ansprechpartner]?

Konkurrenz
- ▶ Welche Produkte/Leistungsbereiche, Spezialisierungen bestehen?
- ▶ Wieviel Projekte werden pro Jahr abgewickelt?
- ▶ Wie ist die Qualität der Dienstleistungen?
- ▶ Welche technischen Ausstattungen liegen vor?
- ▶ Wie hoch ist die Mitarbeiterzahl?
- ▶ Wie ist das Image des Produktes/des Architekten?
- ▶ Wie sind Planungs-/Bauzeiten organisiert?
- ▶ Wo liegen Stärken und Schwächen?
- ▶ Bestehen Allianzen mit Kooperationspartnern? Wenn ja, mit welchen?
- ▶ Wie ist der Marktauftritt und dessen Effizienz?

Standort
- ▶ Wie groß ist der Einzugsbereich?
- ▶ Wie ist die Kunden- bzw. Einkommensstruktur?
- ▶ Wie groß ist das tatsächliche und projektierte Bauvolumen im Einzugsbereich?
- ▶ Wie sieht die baurechtliche Situation aus?
- ▶ Unterstützt der Standort das Renommee?
- ▶ Wieviel Kundennähe ist sinnvoll bzw. was bringt eine Zweigniederlassung?

Die Darstellung der Analysen erfolgt am besten in Form einer Konkurrenz-Matrix zum unmittelbaren Vergleich mit dem eigenen Büro. Es ist wichtig, über jeden einzelnen Marktbereich genau zu recherchieren und Informationen zu sammeln: in der Fachliteratur, in Kunden- und Bauherrenzeitschriften, auf Fachmessen, durch Befragen der Kunden. Die Informationen müssen ausgewertet und strukturiert werden, damit ein unmittelbarer Nutzen daraus gezogen werden kann. Das gilt auch im Hinblick auf die Analyse der Konkurrenz. Maßstab für alle Analysen, insbesondere die Einschätzung der Konkurrenz ist der jeweilige Marktführer der Branche [Benchmarketing].

Positionierung durch Marktsegmentierung

In der unternehmerischen Positionierung bewegt sich der Architekt in einem Dreieck zwischen Produkt, Kunde und Konkurrenz. Innerhalb des Dreiecks gibt es vielfältigste Spielräume, die jeder Architekt individuell auslegen kann. Eine gute Positionierung ist erreicht, wenn die Eckpunkte des Dreiecks deutlich herausgearbeitet worden sind: Die Differenzierung zur Konkurrenz ist klar erkennbar, das Produkt/die Dienstleistung hat eine sehr gute Qualität, die Ansprüche des Kunden werden genau erfüllt. Grundlage jeder Positionierung sind also nach wie vor die Qualitäten der Architektur und der Arbeit. Positionierung heißt insbesondere konsequente Besetzung von Kompetenzfeldern.

Trends

Um den Entwicklungen des Marktes gerecht zu werden und sich von der Konkurrenz abzuheben, müssen Architekten ihr originäres Tätigkeitsfeld präzisieren und außerdem neue Tätigkeitsfelder belegen. Kriterien sind Spezialisierung, Schwerpunktverlagerung und/oder Zusatzangebote von Leistungen. Wichtig ist dabei die Einhaltung der berufsständischen Regeln. Architekten dürfen ihre freiberuflichen Tätigkeiten nicht mit gewerblichen vermischen. Die Kooperation mit gewerblichen Partnern ist dagegen zulässig und in den meisten der folgenden Fälle auch rechtlich notwendig [siehe Kapitel 6].

► Projektentwicklung: Eine inhaltlich sinnvolle Erweiterung des Tätigkeitsfeldes, zudem ein ergiebiges Dienstleistungspotenzial für Architekturbüros, liegt in der Projektentwicklung, der Suche nach Grundstücken oder Objekten, Koordination von Investor, Betreiber und Nutzer etc.

► Generalplanung: alle Leistungen aus einer Hand. Immer mehr Kunden fordern ein umfassendes Dienstleistungsangebot, von der Investitionsidee bis hin zum Facility Management.

► Schlüsselfertiges Bauen/Generalübernehmerschaft: Immer mehr Bauherren fordern Verlässlichkeit in Bezug auf Kosten, Qualität und Termine.

► Spezialisierungen: Hohe Qualität und Kompetenz werden direkt auf die Kundenbedürfnisse zugeschnitten. Das Spektrum reicht von Visualisierung über Ausstellungsorganisation bis zur Mediation von Bauprozessen.

Businessplan

Bewährtes Mittel zur Positionierung ist die Aufstellung eines schriftlich fixierten Businessplans. Dieser gibt dem Unternehmen Struktur, mit ihm werden Kurzzeit- und Langzeitziele formuliert. Er ist Wegweiser für Unternehmensentscheidungen [intern und extern]. Er dient zudem als Kontrollinstrument, um den Stand der Leistung und den Standort auf dem Weg zu den formulierten Zielen zu überprüfen. Bei Neugründungen ist er darüber hinaus ein wichtiges und wertvolles Hilfsmittel bei Finanzierungsverhandlungen. Die Schriftform zwingt dazu, die Gedanken exakt und präzise zu formulieren und sich konsequent auf eine Struktur festzulegen. Ein Businessplan besteht aus vier Teilen:

Darstellung des Unternehmens
- ► Gründer, Partner, Mitarbeiter
- ► Struktur
- ► Technische Ausstattung
- ► Referenzen

Das Produkt/die Idee
- ► Leistungsbeschreibung
- ► Kompetenzen
- ► Schwerpunkte
- ► Konkurrenzsituation

Planung/Marketing
- ► Unternehmensphilosophie
- ► Marketingkonzept
- ► Zielgruppen
- ► Kurzzeit-/Langzeitziele

Finanzierung
- ► Kapitalbedarf [Investitionen]
- ► Umsatzplanung
- ► Detailplanung [Personalplanung]

Anhang: Portfolio mit Referenzprojekten

Positionierung mittels Markenbildung

Marktsegmentierung und Businesspläne sind die unternehmerischen Standbeine des Architekten. Entscheidend für die erfolgreiche Umsetzung ist die authentische und glaubwürdige Vermittlung der formulierten Unternehmensvisionen und -ziele. Denn Architekt und Büro müssen schließlich von potenziellen Auftraggebern identifiziert und ausgewählt werden können – nicht nur über die Architektur, sondern auch über das individuelle Leistungsprofil. Die Ausbildung und Kommunikation einer unverwechselbaren Dienstleistungsmarke Architekturbüro XY ist daher unverzichtbarer Bestandteil erfolgreicher Akquisition. In der Marke werden Identität [Corporate Identity] bzw. Unternehmensphilosophie sowie das avisierte Marktprofil zu einem originären Marktauftritt vereint. Die mediale Verstärkung der Marke ist

Ein paar weltumspannende Prinzipien wie:

form follows …

wichtigste Aufgabe des Kommunikationsdesigns: ob bei der Darstellung von Architektur, der Geschäftsausstattung oder der Gestaltung von Publikationen [siehe Kapitel 4]. Und nicht zuletzt ist auch die Kommunikationsfähigkeit ein wichtiger Positionierungsaspekt. Der Kunde will professionell und seinen Kommunikationsgewohnheiten entsprechend angesprochen sein.

Akquisitionsstrategien

Akquisition umfasst alle Aktivitäten, die zur Auftragsbeschaffung dienen. Dies betrifft nicht nur die Gewinnung von Neukunden, sondern auch die Beziehungspflege zu Altkunden. Erfolgreiche Akquisition heißt in erster Linie systematisches und strategisches Vorgehen auf mehreren Ebenen:

▶ Networking: Fühler ausstrecken, Kontakte aufbauen und pflegen, bei *Networkingchancen* nachfassen, präsent sein [ein Brief oder Telefonat am nächsten Tag zur Erinnerung zeigt Professionalität]. Ziel ist es, dass der Name im Gedächtnis bleibt und im richtigen Moment abgerufen werden kann.

▶ Vertrauensbasis schaffen durch kontinuierliche und überlegte Kommunikation. Kontinuität schafft Verbindlichkeit. Dabei Zeitpunkte gut wählen, nicht bedrängen.

▶ Kundenkontakte gestalten: Inhalte und Verfahren definieren; Kontakte dokumentieren und nachhalten.

▶ Unterschiedliche Kommunikationsebenen/Kontaktmöglichkeiten nutzen: vom Telefonat bis zur Baubesichtigung und öffentlichen Veranstaltungen.

▶ Strategien zur Öffentlichkeitsarbeit erstellen. Unterschiedliche Zielgruppen benötigen auch unterschiedliche Akquisitionsstrategien, abgestimmt auf die jeweiligen Kundenbedürfnisse und Ziele.

▶ Strukturen und Verantwortlichkeiten für eine schlagkräftige Öffentlichkeitsarbeit [Pressearbeit, Veranstaltungen] aufbauen.

▶ Strategische Allianzen bilden: Architektonisches Schaffen ist eingebunden in die partnerschaftliche Zusammenarbeit mit Bauunternehmen und Bauindustrie. Die Qualität der Architektur ist abhängig von der Qualität der Produkte, deren gestalterischen, konstruktiven und technischen Möglichkeiten – warum also nicht gemeinsame Leistungen im kooperativen Marketing einsetzen? Hier werben zwei *gute Namen* miteinander und für einander. Architekten bezeugen als *Testimonials* die Qualitäten eines Baustoffes oder einer Software. Renommierte Unternehmen unterstützen die Akquisition des Planers.

Einsatz und Gestaltung von Akquisitionsinstrumenten

Medien sind die Schnittstellen zur Kontaktaufnahme mit den Kunden. Ob Anschreiben, Werkbericht oder Internetseite, die Außendarstellung macht das Image des Architekten. Inhalte und Gestaltung müssen mit der Positionierung und Identität [Corporate Design] übereinstimmen bzw. diese fördern. Bild- und Textsprache müssen dabei nicht nur dem Architekten, sondern insbesondere dem Verständnis und der Sicht des Kunden gerecht werden. In jedem Medium, gerade auch im Anschreiben, muss das Anliegen eindeutig und schnell erkennbar sein, um Aufmerksamkeit zu erregen, um den Kunden zu interessieren.

Budgetierung und Controlling des Marketingmanagements

Alle Schritte des strategischen Marketings sind Teile eines langfristigen Klärungsprozesses und Teil der Unternehmensführung insgesamt. Notwendig ist daher, dass der Architekt die Rahmenbedingungen und Handlungsspielräume seiner Unternehmensgrundsätze und seines Marketings nicht nur einmal definiert, sondern beständig an dessen Gestaltung arbeitet und in regelmäßigen Abständen die Maßnahmen auf Richtigkeit und Erfolg kontrolliert. Veränderungen auf dem Markt oder im Büro verlangen selbstredend Kurskorrekturen. Das bedingt ein methodisches Vorgehen: Ziele müssen gesteckt, Erreichbarkeit definiert und Erreichtes reflektiert werden. Und: Marketing ist ein langfristiges Geschäft. Erfolge lassen sich nicht 1:1 mit den jeweiligen Maßnahmen bzw. mit dem für die einzelnen Maßnahmen eingesetzten Geld messen.

Die Budgetierung von Marketingmaßnahmen ist komplex, da das Marketing ja die komplette Unternehmensführung betrifft. Zu bemessen sind allerdings Maßnahmen für die Kommunikation und die Akquisition. Die Höhe der einzusetzenden Mittel richtet sich nach den Zielen und dem Umsatz des Büros. Investitionsentscheidungen sind daher individuell zu treffen. Es wurden in Europa bisher keine für Vergleichszwecke relevanten Erhebungen über Budgetierungen veröffentlicht. Nach Recherchen bei einzelnen Büros liegen die Ausgaben für die Unternehmenskommunikation zwischen 5 und 7 Prozent der Betriebsausgaben – meist plus Personalkosten. Die Zahlen entsprechen in etwa dem *Firm Survey 2000/2002* des American Institute of Architects [AIA]. Danach wurden 1999 in den USA durchschnittlich 7,5 Prozent der Ausgaben von Architekturbüros für das Marketing [nicht spezifiziert] eingesetzt: bei Büros mit unter 50 Mitarbeitern zwischen 4,2 und 7,1 Prozent, bei Büros mit über 50 Mitarbeitern zwischen 7,1 und 8,2 Prozent.

Die **relevanten Parameter** für das Controlling sind:

▸ die am Anfang formulierten Marketingziele
▸ das dafür eingesetzte Budget
▸ der zeitliche Aufwand
▸ die Anzahl der akquirierten Projekte
▸ die Anzahl der neuen Kontakte
▸ Imagesteigerung
▸ Umsatzzahlen, Marktanteil

Methodik für individuelle Strategien

Die emotionale Kraft von Visionen ist zentrale Antriebskraft für das Unternehmen Architektur. Illusionen erweisen sich dagegen schnell als Hemmnisse. Visionen von Illusionen zu trennen, ist Aufgabe des strategischen Marketings. Systematisches Vorgehen hilft, Büro- und Marktsituationen realistisch zu analysieren und zu beurteilen, schließlich Zielvorstellungen zu formulieren und Wege zur Umsetzung zu definieren. Klarheit ist die Voraussetzung dafür, dass Visionen ihre Kraft behalten, nicht unerfüllte Wünsche oder Träume bleiben, sondern zu wirtschaftlichem Erfolg führen. Kunden- und Dienstleistungsorientierung bedeuten dabei keineswegs Kapitulation vor den Gesetzen des Marktes. Im Gegenteil: die Interessenvertretung des Bauherren beruht auf der Verbindung von kreativem Schaffen mit fachlichen und unternehmerischen Umsetzungsstrategien. Individualität und Unverwechselbarkeit sind Alleinstellungsmerkmale und Wettbewerbsvorteile des Architekten. Marketingstrategien beruhen daher zwar auf einer Methode, sind jedoch auf dem Architekturmarkt per se individuell – so vielfältig wie die Architektur, die Visionen der Bauherren und die Persönlichkeiten der Architekten selbst.

/Strategische Allianzen: Marketinginitiative Zweischalige Wand – Bauen mit Backstein

Von Jens Kallfelz

Als Kommunikationsnetzwerk beraten wir Architektur- und Planungsbüros und sind außerdem für die Industrie als Kommunikationsdienstleister tätig. Wir verantworten seit einigen Jahren die vollständige kommunikative Betreuung rund um den Baustoff Backstein: die Kampagne *Zweischalige Wand – Bauen mit Backstein*, getragen von deutschen, holländischen und dänischen Ziegelherstellern. Die Kampagne umfasst klassische Anzeigenwerbung, Pressearbeit, Direktmarketing, Vortragsveranstaltungen, Seminare, die Produktion einschlägiger Broschüren und technischer Dokumentationen sowie den Internetauftritt.

Das Konzept zielt nicht auf vordergründige Produkt- oder Markenwerbung, sondern auf einen langfristigen Fachdialog. Baustoffeigenschaften werden dabei zu Produktvorteilen konkretisiert und mit dem architektonischen Konzept, aber auch dem Architekten- bzw. Projektimage, verknüpft – und umgekehrt. Für alle Beteiligten entstehen auf diese Weise synergetische Publicityeffekte.

Große Aufmerksamkeit und positive Branchenresonanz findet eine langfristig angelegte Anzeigenreihe: von Aldo Rossi, der eine Kooperation noch zu Lebzeiten ermöglichte, über Hans Kollhoffs Backsteinturm am Potsdamer Platz in Berlin, den Josef-Paul Kleihuesschen Gewerbebau auf dem alten AEG-Gelände ebenfalls in Berlin, bis hin zu Frank O. Gehrys Backsteinexperiment am Neuen Zollhof im Düsseldorfer Medienhafen. Mit dem niederländischen Büro Mecanoo und ihrem Openlucht Museum in Arnheim/NL wurde die Anzeigenreihe international erweitert.

Die Kooperation beschränkt sich keineswegs auf namhafte Architekten, involviert werden auch Newcomer. Diese partizipieren vornehmlich in Projektbroschüren und technischen Dokumentationen, sowohl in Printmedien wie im Internet. Kooperationen mit Architekturzeitschriften erweitern die Kommunikationsplattform – sowohl für das Produkt als auch für die Architekten. In Objektreportagen und Interviews werden konzeptionelle und technische Ansätze zum Bauen mit Backstein vorgestellt. Der Baustoff Backstein fungiert nur als thematischer Ansatzpunkt, architektonische und technisch/konstruktive Aussagen werden daher authentisch und glaubwürdig vermittelt. Die Verknüpfung von Architektur und Produkt ermöglicht insbesondere eine leicht verständliche Aufbereitung von Detailthemen für die Fachwelt und die breite Öffentlichkeit. Ein sehr wirksames Werbemittel ist die Publikation hoch qualitativer Einzelfotos interessanter Referenzobjekte. Die Verbreitung in Millionenauflagen steigert nicht nur den Bekanntheitsgrad eines Architekten und seiner Architektur, sondern führte nachweislich auch schon zu konkreten Aufträgen.

Die skizzierte Zusammenarbeit basiert auf einem Impuls der Bauindustrie, kann aber genauso gut auf Initiative von Architekten zustande kommen. Architekten treffen bei Herstellern durchaus auf Interesse. Letztere wissen oft gar nicht, wo ihre Produkte konkret eingesetzt worden sind. Eine fachlich orientierte, dabei durchaus auf die positive Werbewirkung guter Architektur setzende Kooperation hat vielerlei Vorteile für alle Beteiligten.

Anzeigenkampagne
Zweischalige Wand –
Bauen mit Backstein

28 _ 29

/Unternehmen Architektur –
Neustart KSP Engel und Zimmermann

*Edgar Haupt und Manuel Kubitza im
Gespräch mit dem Unternehmens- und
Zukunftsberater R. Andreas Grosz*

KSP 2002 heißt das von Andreas Grosz Ende 1999 initiierte Zukunftsprojekt des renommierten Architekturbüros KSP Engel und Zimmermann. Ziel: das Unternehmen, seine Organisation, Mitarbeiter, Führungskräfte – interne und externe Kommunikation – fit für die Zukunft und die Herausforderungen des härter werdenden europäischen Wettbewerbs zu machen. Das folgende Interview spiegelt diesen internen wie externen Wandlungsprozess wider.

Andreas Grosz, Jg. 1948, Dipl.-Betriebswirt, Initiator und Veranstalter zahlreicher Projekte zu Themen aus Design, Kunst, Architektur, Neue Medien, Ökologie und Ökonomie. Von 1987-95 Herausgeber des Kulturmagazins LIVING und Geschäftsführer der Gesellschaft für Kultur und Kommunikation mbH. Von 1994-96 geschäftsführend, später beratend, für die EXPO 2000 GmbH in Hannover tätig. A. Grosz führt derzeit ein Büro für Unternehmenskommunikation in Köln, ist bzw. war u.a. beratend für VEBA/E.ON, SONY, Steilmann, Wilkhahn, HypoVereinsbank, MediaPark Klinik Köln tätig und ist Vorstandsmitglied des Rotonda Business-Clubs Köln, zahlreiche Vorträge und Publikationen. Zuletzt: DIE KULTUR AG. Neue Allianzen zwischen Wirtschaft und Kultur. Hanser-Verlag, 2. Aufl., München 1999/2000.

KSP Engel und Zimmermann ist eines der großen Architekturbüros in Deutschland, mit über 180 Mitarbeitern an fünf Standorten in Berlin, Frankfurt, Köln, München, Braunschweig. Strategische Allianzen in Europa und Fernost erweitern das Arbeitsspektrum des Büros über die Grenzen Deutschlands hinaus. Inhaber des Büros sind Jürgen J.K. Engel, Dipl.-Ing. Architekt BDA, geb. 1954 und Michael Zimmermann, Dipl.-Ing. Architekt BDA, geb. 1956. Beide arbeiten seit 1990 gemeinsam im Büro KSP, seit 1998 führen sie das Büro.

| Strategisches Marketing

Herr Grosz, Sie arbeiten für das Architekturbüro KSP Engel und Zimmermann. Bitte beschreiben Sie Ihre Aufgaben und Tätigkeiten.
Seit vielen Jahren beschäftige ich mich mit Marketing, Kommunikation, Medien und Unternehmenskultur. Ich berate Unternehmen in Fragen der Zukunftsorientierung, mit dem Schwerpunkt Unternehmenskommunikation. Ich entwickle für Unternehmen Themen, mit denen diese sich positionieren und ihr Image bilden. Dazu muss man sich mit den Menschen, mit der Organisation und den Zielen des Unternehmens auseinandersetzen. Praktisch heißt das: Ich erarbeite Strategien, die wir dann gemeinsam mit Mitarbeitern und weiteren Experten, z.B. aus Werbung oder PR, realisieren.

Für die meisten Architekten sind Begriffe wie Unternehmenskommunikation, Positionierung oder Imagebildung neu. Welcher Weg führte Sie zu KSP Engel und Zimmermann?
Michael Zimmermann kannte ich bereits seit Ende der 80er-Jahre gut. Er war Partnerarchitekt des Projektes *Zukunft der Arbeit*, das ich zu Beginn der 90er bei Wilkhahn aufgebaut habe. Seit dieser Zeit hat KSP mehrere Häutungsprozesse durchgemacht. Nachdem Jürgen Engel und Michael Zimmermann das Büro ab 1998 alleine führten, stellte sich die Frage: Was sind die Ziele? Wo liegt die Identität von KSP Engel und Zimmermann? Zu diesem Zeitpunkt wurde ich angesprochen, den Weg der inneren und äußeren Neuausrichtung für das Büro mit zu gestalten. Ziel ist es, KSP als ein lebendiges, weltoffenes Architekturbüro unter den Top-Büros in Deutschland zu etablieren.

Da klingt ein unternehmerisches Denken durch, das so manchem Architekten unbekannt ist. Viele Freischaffende verstehen sich eher als Künstler, kaum als Unternehmer.
Da ist bei den Architekten einiges in Bewegung geraten. Bei KSP war die Einsicht längst vorhanden, dass die Teilung des Berufsbildes – hier Entwerfer, da Kaufmann – überkommen und falsch ist. Wir suchen die Synthese zwischen leidenschaftlichem Architekt und erfolgreichem Unternehmer.

Dennoch, die Platzierung als Spitzenbüro ist ein hoher Anspruch, den man sicher leicht formulieren kann. Aber wie setzt man das um?
KSP war und ist ein leistungsfähiges Büro. Die äußeren Bedingungen waren geschaffen. Es galt, das Profil zu schärfen und den Bekanntheitsgrad zu steigern. Nach innen mussten die Arbeitsbedingungen und die Kommunikation verbessert werden. Zwischen den Büros von Berlin bis Frankfurt sollte ein gemeinsames Bewusstsein von KSP – seiner Haltung und Architekturqualität – entstehen. Es sollte eine tragfähige Identität entwickelt werden, und zwar gemeinsam mit allen Mitarbeitern. Architektur ist ja ein People-Business. Deshalb muss man im *Unternehmen Architektur* alle Beteiligten sehen. Wenn ich zu einer funktionalen Unternehmensstruktur, zu einem professionellen Marketing kommen will, muss ich genauso nach innen wie nach außen verstanden werden.

2000   **2001**

12/99   01/00   03/00   08/00   09/00   12/00   01/01

1. Schritt:
Mitarbeiter- [MA] und
Geschäftsleiter- [GF]
befragung

2. Schritt:
1. Zukunftsworkshop
Auswertung und Diskussion
der MA- und GF-Befragung

3. Schritt:
Bildung der *AG Zukunft*
Themenbereiche:
▶ Organisation
▶ Leistungsbeurteilung
▶ Qualifikation
▶ Interne/externe
   Kommunikation
▶ Kundenorientierung
▶ Projektabwicklung

Ziel:
Erarbeitung von Verbesserungs-
vorschlägen und
Diskussions-
grundlagen

4. Schritt:
2. Zukunftsworkshop
Diskussion der *AG Zukunft*
Ziel:
Verabschiedung nächster
Maßnahmen:
Wer? Wie? Wann?

5. Schritt:
3. Zukunftsworkshop
schrittweise Umsetzung
der Ergebnisse

Ziel:
Schrittweise Implementierung in die
KSP-Gesamtorganisation
▶ Newsletter [Information]
▶ Projekt 12+ [Standortaustausch]
▶ ZwoMoMo [inhaltliche Arbeit GF und
   MA – standortübergreifend]

Und so ist dann der Aktionsplan KSP 2002 entstanden?

Eine Unternehmensentwicklung von innen heraus braucht Zeit. Unsere Strategiearbeit ist daher zunächst auf etwa drei Jahre ausgerichtet. Und so haben wir 1999 das Programm *KSP 2002* genannt. Damit wurde die Phase der grundsätzlichen Fragen eingeleitet: Was ist unsere Identität und welches Image folgt daraus? Welche architektonische und unternehmerische Haltung haben wir, welche Ziele verfolgen wir? Welche Felder müssen wir beachten, wenn wir diesen Zielen nachgehen? Wie muss der Architekt aufgestellt sein, um die veränderten Wünsche von Bauherrn und Investoren zu begleiten? Was heißt überhaupt Kundenorientierung für den Architekten? Wie vermitteln wir unsere Ziele und Botschaften? Was folgt daraus für die interne und externe Kommunikation? In dieses breite Spektrum an Fragestellungen galt es eine Systematik einzubringen, eine auf das Büro, Führung und Mitarbeiter, abgestimmte Strategie zu entwickeln.

Zukunftsberater müssen per se eine Menge Fragen stellen. Mit welcher haben Sie begonnen? Wo ist der Ansatzpunkt?

Am Anfang stand die Bestandsaufnahme: Wo stehen wir tatsächlich? KSP ist ein Büro mit einer langen Tradition und hat im Bundesgebiet viel gebaut, war aber im Vergleich zu ähnlich großen Büros wenig bekannt und verfügte auch nur über eine begrenzte Identität. Jedenfalls kann man diese an den Gebäuden nicht unbedingt ablesen. Erstes Ziel war und ist es, die Wahrnehmung von KSP deutlich zu erhöhen. So etwas lässt sich ablesen an Einladungen, an Zitaten und an dem *Auf-das-Büro-Zugehen*. Also: Wo findet man selber statt?

Von außen werden zunächst nur die vordergründigen Dinge wahrgenommen: das Auftreten, das Erscheinungsbild und nicht zuletzt der Standort.

In solchen Prozessen läuft natürlich vieles parallel. Das Auftreten spielt dabei eine wichtige Rolle. So wurde mit dem Wandel eine neue Corporate-Identity kreiert: Das alte Kürzel KSP wurde mit den beiden Persönlichkeiten Engel und Zimmermann als Name und Marke manifestiert – ein deutliches Zeichen für die neue Positionierung. Die Wurzeln des Unternehmens KSP bleiben sichtbar, dennoch ist KSP als Kürzel heute ein Label, zusätzlich markiert durch den blauen Punkt. Die Standortfrage ist ebenfalls wichtig für den Außenauftritt. KSP war seit langem dezentral aufgestellt. Die Dezentralisierung hat strukturelle und Positionierungsvorteile. Architektur findet ja

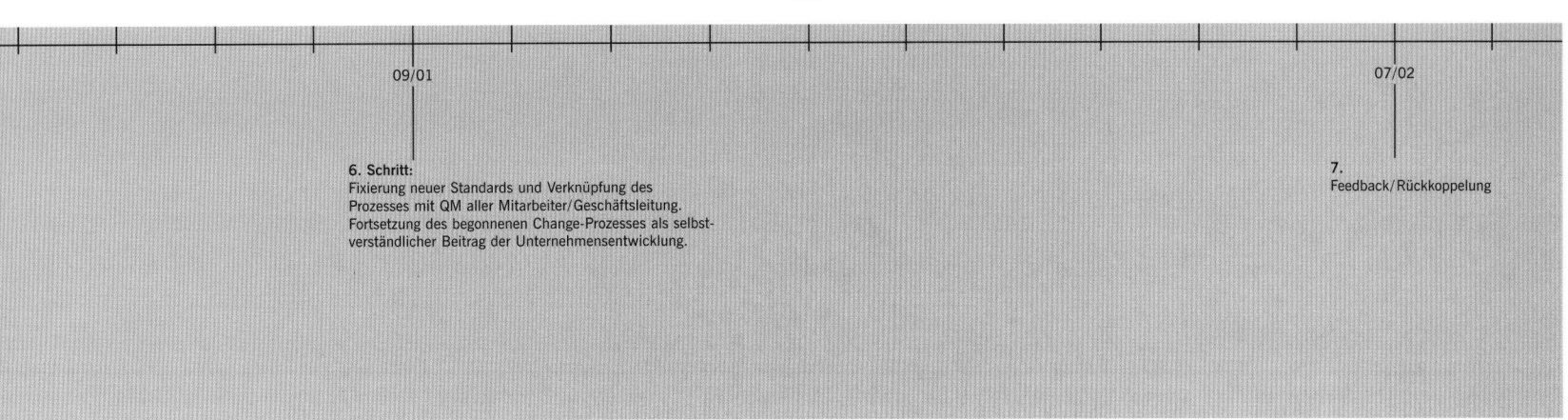

09/01

07/02

6. Schritt:
Fixierung neuer Standards und Verknüpfung des
Prozesses mit QM aller Mitarbeiter/Geschäftsleitung.
Fortsetzung des begonnenen Change-Prozesses als selbst-
verständlicher Beitrag der Unternehmensentwicklung.

7.
Feedback/Rückkopplung

Zeitschiene Aktionsplan KSP 2002

32 _ 33   immer lokal statt und man sollte als Architekt verortet sein. Deshalb ist KSP in Köln ein Kölner Büro und in München ein Münchner Büro. Inzwischen arbeiten wir an einer Europäisierung durch strategische Allianzen, mit den Züricher Architekten *atelier ww* und Claude Vasconi in Paris. Zwischen allem muss ein verbindendes Element bestehen: Kommunikation!

Auftreten und Erscheinungsbild sind allerdings nur stimmig und kommunikativ erfolgreich, wenn sie auf Inhalten und internen Strukturen beruhen.
Die Frage von Identität und Image bedeutet mehr als ein neues Corporate Design zu entwickeln. Entscheidend sind die Inhalte: Integrität, Kompetenz und Leistungsfähigkeit. Und um diese Qualitäten glaubwürdig vermitteln zu können, musste ein Quantensprung in der Kommunikation erfolgen. Das betrifft die Fachwelt und die breite Öffentlichkeit, insbesondere überregionale Zeitschriften, Magazine sowie Rundfunk und Fernsehen. Wir wollen die Entscheidungsträger in den Medien, auch im Bereich der Immobilienwirtschaft, erreichen. Dabei vor allem auch gefragt und als kompetenter Ansprechpartner ernst und wahrgenommen werden.

KSP hat außerdem eigene Veranstaltungen durchgeführt, wie etwa 1999 die Stadtgespräche über Stadtplanung mit Politikern und Entscheidungsträgern in Köln. Ein solches Auftreten ist ungewöhnlich und muss auf das Profil des Büros abgestimmt sein.

Die Stärke des Architekten liegt in der direkten Kommunikation. Und da eignen sich Veranstaltungen zu Themen wie Architektur und Städtebau hervorragend. Das sind ja Themen, die mitten im Leben stehen, mit denen jeder Mensch durch seine bebaute Umwelt konfrontiert wird. Man muss sie nur umsetzen. Das war auch für KSP ein Experiment. Natürlich müssen Anspruch und Realität des Büros mit den Inhalten und der Veranstaltungsart übereinstimmen. Öffentliches Auftreten darf kein kurzfristiger Showeffekt sein. Und nicht zuletzt muss die öffentliche Aktion auch zum Ort passen. So haben wir in Berlin mit der Aedes-Galerie eine große Architekturausstellung durchgeführt. Das war ein Ergebnis unserer Öffentlichkeitsarbeit, verbunden mit einem guten Thema: dem Neu- und Umbau des Bundespresseamtes in Berlin.

Kommunikation nach außen ist das eine. Themen müssen jedoch ebenso nach innen verstanden, intern getragen werden. Denn die Mitarbeiter spüren am ehesten, ob das, was man draußen erzählt, tatsächlich zutrifft.
Das führt zum Ausgangspunkt zurück: Kommunikation muss ganzheitlich verstanden werden. Basis für eine erfolgreiche Außenkommunikation architektonischer Positionen ist eine lebendige und lernende Organisation. Da-

raus generieren wir die Themen, die wir nach außen bringen. Wir haben keine aufgesetzte Kommunikationsstrategie, sondern eine, die aus dem Unternehmen, mit dem Unternehmen entwickelt wurde.

Der Prozess mit den Mitarbeitern ist bestimmt die größte Anstrengung für jedes Unternehmen. Wie sind Sie das bei KSP angegangen?
Unsere erste Aufgabe war das Erarbeiten eines Strategie- und Handlungskonzeptes. Daraufhin wurden verschiedene Zukunftsworkshops veranstaltet und Arbeitsgruppen eingerichtet, um an der Identität und den Zielsetzungen des Unternehmens zu arbeiten – mit über 40 ausgewählten Mitarbeitern, quer durch die gesamte Organisation, über Hierarchien und Verweildauer im Unternehmen hinweg, übergreifend über alle Standorte. Das waren in der Zeit des Wandels wichtige Signale nach innen: Jetzt geht es noch einmal richtig los. Wir wollen gemeinsam weitere Schritte gehen.

Das hört sich gut an, aber funktionierte das auch? Da wurde ja ein durchaus heikler gruppendynamischer Prozess in Bewegung gesetzt.
Die Altvorderen haben zunächst skeptisch argumentiert, die Jungen sind umso mehr eingestiegen, die sahen ja noch ihren Berufsweg vor sich. Es wurde mitunter sehr kritisch diskutiert. Es war aber Prinzip unserer ganzen Arbeit, dass absolute Offenheit das Gespräch bestimmen sollte. Dieser Prozess ist anstrengend. Aber anschließend steht man an einem anderen Punkt. Das ist das Entscheidende!

Welche Themen hatten denn nun Ihre Workshops und Arbeitsgruppen und wie sah die Durchführung aus?
Begonnen haben wir mit einer getrennten Mitarbeiter- und Geschäftsleiterbefragung als Analyse der Ist-Situation. Dann haben wir mit einem ersten Zukunftsworkshop Ist und Soll verglichen. Ein Ergebnis war die Gründung der *AG Zukunft* mit den Themenbereichen Organisation und Führung, Leistungsbeurteilung, Qualifikation, Interne Kommunikation, Kundenorientierung und Wettbewerbsorganisation. Jeder Themenbereich wurde standortübergreifend mit einer Arbeitsgruppe von etwa sieben Mitarbeitern besetzt, die zwischen den Zukunftsworkshops die Arbeit fortgesetzt haben. Es hat bislang drei große zweitägige Zukunftsworkshops

gegeben, auf denen Zwischenschritte und Ergebnisse abgeglichen und nächste Aufgaben festgelegt wurden. Dabei wurde über Verfahrensweisen sowie technische und organisatorische Modelle gesprochen, aber auch über weiche Faktoren wie den Umgang miteinander, Engagement, Motivation, Führung, Vergütung, Disziplin und Freiheit.

Welche Rolle haben Sie in dem Prozess eingenommen?
Meine Rolle ist die des Coachs, des Moderators und Motors, der den Veränderungsprozess steuert, kommentiert und zu einem Ergebnis bringt. Das betrifft das Erarbeiten der Ziele und den Realisationsprozess. Die Rohstoffe sind ja im Unternehmen vorhanden. Erst wenn es zu einem Zusammenspiel der Beteiligten kommt, Führungskräfte und Mitarbeiter mitmachen, kann eine lernende und veränderungsfähige Organisation entstehen. So etwas kann man nicht von oben verordnen. Bei allen Schwierigkeiten, die ein derart komplexer Prozess mit sich bringt, dürfte es in Deutschland nur wenige Architekturbüros geben, die sich so umfassend der Zukunftsentwicklung des Unternehmens Architektur stellen. Das kostet Energie, Geld und einen langen Atem und muss als echte Zukunftsinvestition verstanden werden. Sonst sollte man die Finger von solchen Prozessen lassen!

Jetzt kommt wohl die schwierigste Phase: die Umsetzung der Ergebnisse in den Büroalltag. Wie geht es weiter?
Architekten denken häufig final: Irgendwann ist ein Haus abgeschlossen. Von Anfang an war *KSP 2002* jedoch als Baustelle gedacht. Die Entwicklung muss als laufender Prozess gesehen werden, der lebendig bleiben muss, will man nicht nach kurzer Zeit wieder am gleichen Punkt und bei den gleichen Fragen stehen.

Es ist sicherlich schwer, die erreichten Arbeits- und Kommunikationsqualitäten zu erhalten, gerade bei explizit angestrebtem Expansionskurs. Auch die normale Fluktuation bringt bestimmt Probleme für eine anhaltende Motivation der Mitarbeiter.
Das Erreichte zu halten und auszubauen geschieht auf verschiedenen Wegen. Der erste ist die interne Kommunikationskultur. So haben wir einen Newsletter eingerichtet, der von Büro zu Büro wie in einem Staffellauf erstellt wird. Dieser transportiert die wichtigsten Ereignisse bis hin zu Jubiläen und privaten Geschichten. Weiterhin gibt es das *Projekt 12*, ein rotierender Austausch über die jeweiligen Standorte hinweg, bei dem einzelne Mitarbeiter Projekte in anderen Büros vorstellen, d.h. Braunschweig besucht Berlin, Berlin besucht München usw. Und dann gibt es noch *Zwomomo*: Jeden zweiten Montag im Monat sind Herr Engel und Herr Zimmermann mit einer Arbeitsgruppe in einem der Büros und diskutieren dort einen ganzen Tag lang über Wettbewerbe und Projekte. Das ist Beziehungspflege im besten Sinne, außerdem erhält sich die Geschäftsleitung die Nähe zum Kerngeschäft Architektur. Der zweite Weg heißt Partizipation. Wir denken im Rahmen des Qualitätsmanagements über Beteiligungsmodelle nach. Wir geben Fragestellungen weiter, sodass sich Mitarbeiter in die Rolle des Unternehmers versetzen können. Das Begreifen und Akzeptieren wirtschaftlicher Zusammenhänge ist ein bürotragender Bewusstseinsprozess. Einen vorläufigen Abschluss und Höhepunkt hat die Arbeit mit einer internen Exkursion des Büros erfahren. Unter dem Motto *Alles im Fluss* wurden die Arbeitser-

gebnisse der *AG Zukunft* auf einer zweitägigen gemeinsamen Schiffsreise auf dem Rhein allen Mitarbeitern von KSP vorgestellt und mit ihnen intensiv besprochen. Schließlich werden die Ergebnisse dieser Arbeit in einem Quality-Management-Handbuch zusammengefasst, damit sie intern für jedermann nachvollziehbar werden und so Erfahrungswissen festgehalten und fortgeschrieben werden kann.

Wie sind die weiteren Pläne bezüglich Positionierung und Imagebildung? Wie sieht die Marketingstrategie aus?

Der Architekt wird häufig nur auf die Gebäudesicht reduziert, den Blick für das Große und Ganze hat man der Immobilienwelt, den Investoren überlassen. Hier Positionen zu entwickeln, in architektonischen und Investorenperspektiven gleichzeitig zu denken, sich als kompetenter Gesprächspartner für Bauherrenschaft, Projekt- und Stadtentwickler gleichermaßen zu präsentieren, das sind die Herausforderungen von morgen. Wir positionieren uns da-

her auch in der Wirtschafts- und Publikumspresse. Erfreulich, wenn, wie im April 2001 geschehen, in einer Titelstory Architekten im *Manager Magazin* breit angelegt zu Wort kommen.

Ausbauen werden wir unsere hauseigene Publikationsreihe *EXKURSIONEN*, in denen Architekturthemen zur Diskussion gestellt werden. Ein aktueller Arbeitstitel ist das Thema *Architektur und Kunst*. Auch die Stadtgespräche sollen fortgesetzt werden. Weiterhin wollen wir die übergreifende Zusammenarbeit mit anderen Architekturbüros forcieren, wie wir sie mit den Büros Gatermann + Schossig und Bohte Richter Teherani anlässlich der *Orgatec* 2000 praktiziert haben. Querdenken, Grenzen überschreiten, neue Wege und Allianzen in der Zusammenarbeit suchen, muss die Devise heißen! Anlässlich des Kölner Architekturforums *plan01* haben wir im Rheinauhafen in einer großen Publikumsveranstaltung das Thema *Architektur & Kommunikation* zur Diskussion gestellt. In einem Innovationsworkshop zum Thema *Glas – Licht – Architektur* arbeiten wir derzeit gemeinsam mit Industriepartnern an neuen technischen und ästhetischen Lösungen und zudem an Kooperationsmodellen zwischen Architekten und Partnern aus der Wirtschaft. Unsere vielfältigen Aktivitäten und die guten Wettbewerbserfolge haben bereits eine deutlich höhere Wahrnehmung von KSP in der Öffentlichkeit und in den Medien gebracht. Gute PR ist am Schluss immer das Ergebnis interessanter Stories und einer offenen Unternehmenspolitik.

Also keine schnellen Erfolge.

Nein, mit Schnellschüssen und spektakulären Aktionen verheizt man leichtfertig das Renommee des Büros. Nur ein langer Atem und konzeptionelle Perspektiven über den eigenen Tellerrand hinaus sind letztlich erfolgreich.

Bleibt am Ende die Frage, inwiefern das Beispiel KSP Schule machen kann. Sind Ihre Vorgehensweise und Ihre Erfahrungen an eine bestimmte Bürogröße und entsprechende Finanzkraft gebunden? Ist Marketing nur etwas für die Großen?

Der größte Fehler ist, klein zu denken. Es gibt ja gute Beispiele dafür, dass gerade kleinere und mittlere Büros sich Profil und Achtung verschaffen. Ab einer gewissen Bürogröße wird es kritisch, vor allem wenn für einen anonymen Markt gebaut wird. Aufgabe der Zukunft ist es, zwischen Architektur als Kunst und Investment zu vermitteln, den Wert der Architektur und des Architekten zu stärken. Der Markt ist ständig in Bewegung und der Architekt, der sich heute selbstständig macht, kann vielleicht in zehn Jahren an der Spitze sein. Für die Aufgaben, die der Architekt jedoch nicht originär beherrscht, sollte er frühzeitig Spezialisten an Bord holen. Das gilt für die Wirtschafts- und Steuerberatung genauso wie für Marketing und Kommunikation. Dann kann sich der Architekt auf das konzentrieren, was er am besten kann, nämlich planen und bauen.

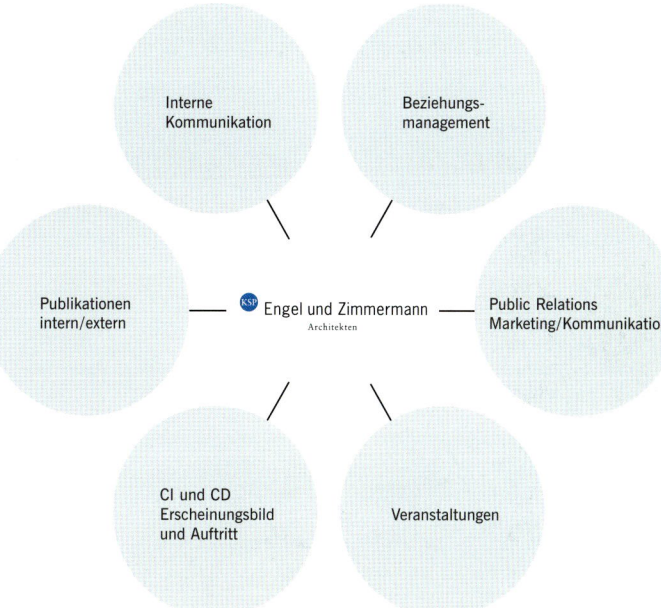

Bereiche der Unternehmenskommunikation KSP 2002

… function.

2_Kommunikationsdesign und Markenbildung

Es gibt eine Gemeinsamkeit zwischen den Ureinwohnern aus dem Amazonasgebiet und vielen Architekten unserer Breiten. Es ist die Angst vor dem Kontrollverlust. Der Indianer vom Amazonas fürchtet die Fotografie. Sie scheint ihm die Seele zu rauben, sie scheint ihn anders darzustellen, als er sich selber sieht. Der Architekt fürchtet häufig das Marketing. Es scheint ihm die Kontrolle zu rauben über das Bild, das er von sich hat und das die Öffentlichkeit von ihm haben soll. Das Gegenteil aber ist der Fall! So wenig, wie die Fotografie dem Menschen die Seele raubt, so wenig schadet Marketing dem Architekten. Marketing verschafft dem Architekten erst die Kontrolle über das eigene Image. So wird durch Kommunikationsdesign, das sein Erscheinungsbild – die visuelle Grundlage seiner Selbstmarketing-Strategie – prägt, das Unternehmensprofil des Architekten erst sichtbar. Kommunikationsdesign muss mit Unternehmensstrategie und -zielen im Einklang stehen. Zwei Erkenntnisse sind in diesem Zusammenhang wichtig. Erstens: Ein Architekturbüro ist eine Dienstleistungsmarke. Es kann sich heute nicht mehr nur als kreativer *Hot-Shop* oder künstlerische Ideenschmiede präsentieren, sondern nur als Büro mit einem kreativen und fachlich kompetenten Dienstleistungsangebot. Zweitens: Diese Dienstleistungsmarke muss authentisch und visuell prägnant sein, um dann in all ihren Werten verstärkt zu werden. Dies geschieht durch den Einsatz der Marke in Medien.

So individuell jedes Architekturbüro ist, so individuell sind seine Markenwerte und so individuell muss auch das Kommunikationsdesign erarbeitet werden. Niemand kann ein Patentrezept liefern – leider auch nicht dieses Buch. Kommunikationsdesign, das die individuellen Markenwerte des einen Büros treffend verstärkt, kann nicht schablonenhaft auf ein anderes Büro übertragen werden.

Mit diesem Kapitel wird darum ein Einblick in die Vielfalt von Kommunikationsdesign und Markenbildung gegeben, wird das grundsätzliche, methodische Vorgehen anhand aussagekräftiger Fallbeispiele gezeigt; Fallbeispiele aus dem schier unbegrenzten Spektrum kommunikativer Lösungsmöglichkeiten.

/form follows fiction –
oder: Der authentische Bluff

Von Manuel Kubitza

Kommunikationsdesign ist die strategische Herstellung und Bereitstellung von Werkzeugen zum Zweck der Akquisition.

Corporate Design transportiert die Identität, also das Unverwechselbare eines Unternehmens, durch ein strategisch formuliertes Erscheinungsbild und macht Identitätsmerkmale zu sichtbaren Werten und damit zu Verkaufsargumenten für die Dienstleistung. Strategische Kommunikation ist also ein Marktvorteil.

Erfolgreiches, nachhaltig prägnantes Kommunikationsdesign – mit einem prägnanten Erscheinungsbild und gegebenenfalls einer Unternehmensmarke im strategischen Zentrum – erzählt immer die Geschichte der unternehmerischen Vision [Corporate Mission]. Eine Geschichte in der, von den Wurzeln über den Ist-Zustand heute bis hin zu verwegenen Zukunftszielen, alles vorkommt, was die Geschichte des Unternehmens individuell ausmacht. Dabei ist ein starkes Erscheinungsbild authentisch und wirkt immer nach innen und außen.

Strategisches Kommunikationsdesign: Was bezwecken wir damit eigentlich? Akquisition! Also das Anbahnen neuer Geschäftsbeziehungen. Diese unterscheiden sich in ihrer Struktur nicht von anderen zwischenmenschlichen Beziehungen. Schließlich sprechen wir auch bei Geschäftsbeziehungen von attraktiven Partnern, die wir durch Akquise kennen gelernt haben.

Stellen Sie sich einmal vor, Sie sitzen in einer Bar. Sie möchten Ihr Gegenüber kennen lernen. Was tun Sie? Möglichkeit eins: Sie schweigen, weil Sie der Meinung sind, Ihre Existenz alleine würde die Dame oder den Herrn veranlassen, Kontakt mit Ihnen aufzunehmen. So passiert vermutlich nichts. Denn in der Bar sitzen noch andere interessante Personen. Möglichkeit zwei: Sie machen den ersten Schritt und versuchen Ihr Gegenüber zu begeistern, indem Sie Unterhaltsames und Interessantes von sich auf charmante Weise erzählen; geschickt bauen Sie alle Ihre Vorzüge ein. Kurz: Sie werben für sich. Sie tun es auf authentische Art, aber Sie werben – und Sie bluffen. Werbung, um die es hier ja im besten Sinn geht, ist ein Urinstinkt, ist Lebens- und Überlebensgrundlage. Mit der Aussicht auf eine großartige Beziehung legen Sie alles auf den Tisch: Herkunft, Status heute, Träume – alles. Sie liefern den authentischen Bluff.

Auch in der erfolgreichen Unternehmenskommunikation wird so verfahren. Ein Unternehmensauftritt bündelt für die Außendarstellung wesentliche Werte in einer Marke. Dies geschieht meist inhaltlich verkürzt und in visuell codierter Form. Über den weiteren Medieneinsatz werden diese Werte dann formuliert und verstärkt. Form follows fiction zeigt anhand von acht Fallbeispielen, wie Kommunikationsdesign als authentischer Bluff beim Beziehungsaufbau, der Akquise, helfen kann.

Status, Leistungsfähigkeit heute

Ziele, Zukunft, Vision

Herkunft, Wurzeln

Der Name eines Architekturbüros ist immer eine Dienstleistungsmarke.

Warum? Weil ein Architekturbüro ein Dienstleistungsunternehmen ist. Es bietet seinen Kunden ein großes Spektrum an hochwertigen Leistungen rund um die Entstehung von Architektur.

Das sichtbare Grundverständnis eines Büros gegenüber der dargebotenen Dienstleistung manifestiert sich in dieser Branche meist im Namen des Architekturbüros als Wortmarke. Mit diesem seinem Namen versieht der Architekt die gesamte visuelle Kommunikation des Büros mit einer Absenderkennung. Die Zielgruppe sieht somit in der dargebotenen Dienstleistung durch diesen Namen – die Wortmarke als authentischer Herkunftsverweis – eine individuelle Planungsleistung und eben keine anonyme oder gar austauschbare Dienstleistung. Da der Architekt heute mehr denn je zuvor nicht nur Autor, sondern auch Dienstleister, nicht nur Künstler, sondern auch Kaufmann ist, könnte man sagen: Die authentische und prägnante Wortmarke sichert dem Kaufmann im Architekten zukünftige Geschäfte und dem Künstler im Architekten künstlerische Freiräume.

Fallstudie 1: mecanoo architecten b.v., Delft [NL]

Ein Kunstname als Firmenbezeichnung: mecanoo architecten. Er ist Ausdruck der Bürogeschichte und des büroeigenen Architekturverständnisses – der kollektiven Idee. Noch als Studenten machten sich 1984 die fünf Gründungsmitglieder nach dem Gewinn eines Architekturwettbewerbs selbstständig – die Bürogründung als gemeinsamer Sprung in die Selbstständigkeit. mecanoo steht für einen spielerischen Umgang mit Architektur [in Ableitung von dem französischen Baukastenspiel *Meccano*]. Darüber hinaus spiegelt sich in mecanoo die geschichtliche, lokale und inhaltliche Nähe zur niederländischen de Stijl-Bewegung [in Anlehnung an das dadaistische Manifest *Mecano* des Architekten Theo van Doesburg]. Vom Konzept zur Dienstleistungsmarke. Der Name mecanoo wurde im Laufe der Zeit durch die Architektur und die breite Kommunikation des konzeptionellen Ansatzes auf populärer und fachlicher Ebene zu einer begrifflichen Kennzeichnung der Arbeit und der dahinter stehenden Personen. Die Haltung des Büros als gelebte Corporate Mission wird erkennbar in der Unternehmensmarke, umgesetzt in der Architektur.

Dies wird noch verstärkt durch das dem Markennamen von Anfang an zugehörige Icon des *Springers*. Ein individuelles Erkennungszeichen, das Teil der Dienstleistungsmarke geworden ist. Der Springer symbolisiert die Leichtigkeit gegenüber der Architektur, eine gesamtheitliche Betrachtungsweise *von oben* und Mut zum spontanen Experiment; so wie die Gründung des Büros auch ein Experiment gewesen ist. mecanoo als Kunstbegriff steht nach wie vor im Vordergrund; auf der darunter liegenden Ebene geben die verantwortlichen Architekten dann mit ihren eigenen Namen den von der Zielgruppe erwarteten Autorenhinweis. Üblicherweise finden sich die Namen der Architekten auf der ersten Ebene der Bürobezeichnung. Büros sind inhabergeführt, der Architekt bürgt mit seinem Namen. mecanoo ist ein funktionierender Sonderweg, da Konzept und Dienstleistungsmarke sich inhaltlich und kommunikativ verbinden.

BUSMANN + HABERER

Fallstudie 2: Busmann + Haberer GmbH, Freie Architekten, Köln und Berlin [D].

Busmann + Haberer – ein renommiertes, etabliertes Architekturbüro entscheidet sich nach 30 Jahren Bürogeschichte zu einem umfangreichen Relaunch des Erscheinungsbilds. Neue Partner und ein weiterer Standort machen einen visuellen Neubeginn notwendig. Die Wortmarke Busmann + Haberer ist eingeführt und untrennbar verbunden mit dem Kölner *Bauturm*. Im Bauturm arbeiten Architekten und Bauingenieure unter einem Dach. Eine Idee von Busmann + Haberer und dem Büro Schneider Wessling.

Zur gelebten Idee des Bauturms gehörte von Anfang an als uneinheitliches Kennzeichen ein gewisses Bauturm-Rot, in einer Vielzahl von Bauten und auch am Bauturm selbst verwendet. Von dieser Farbe hatten die beteiligten Architekten verschiedene Vorstellungen. Auch in der Architektur gab es viele unterschiedliche Farbvarianten des Bauturm-Rots. Der Wiedererkennungseffekt blieb also rudimentär. Im Zuge der kommunikativen Neuausrichtung wurde ein bestimmtes Bauturm-Rot definiert, dieses Rot zur Leitfarbe gemacht und als Teil der Marke etabliert. So wurde das Bauturm-Rot als eigene, exklusive Anmischung, die nur so existiert, zum unverwechselbaren Element. Folgerichtig wurde diese Leitfarbe zum Zentrum der neuen Wortmarke: einem gradlinigen, klaren Signet.

Der Relaunch wirkte identitätsstiftend. Die Wurzeln des Büros und die Gründergeneration zeigen sich durch die Kontinuität der Wortmarke und der historischen Farbe im Zentrum. Die nachrückende Mitarbeitergeneration findet sich im klaren frischen Gesamteindruck des Signets wieder.

Eine zweite stilbildende Konstante: Eine Fläche im Längen-Breiten-Verhältnis 10:11 kennzeichnet den Kommunikationsbereich aller Kommunikationsmittel. Hier finden sich die Informationen, die nicht fixer Bestandteil des Absenders Busmann + Haberer sind. Alle wesentlichen Elemente der Geschäftsausstattung, Kurzmitteilungskarten und Projektdokumentationen verweisen mit den Flächenaufteilungen – die bei durchscheinendem Papier oftmals durch Rückseitendruck deutlich werden – und der Farbe auf die Markenelemente, durchdringen sie so strukturell.

42 _ 43

Erscheinungsbild/Corporate Design Busmann + Haberer GmbH;
linke Seite: Unternehmenssignet und Mappentitel, rechte Seite:
Elemente der Korrespondenzlinie

Die Dienstleistungsmarke Architekturbüro steht immer für komplexe Werte. Diese brauchen mediale Verstärkung: im Internet.

Die individuellen Werte, für die eine Dienstleistungsmarke steht, werden vom strategischen Designer zunächst herausgearbeitet, formuliert. Denn sie bilden die Basis des kommunikativen Unternehmensauftrittes. Für sich allein bleiben diese komplexen Werte im Sinne der Akquisition wirkungslos. Es gilt, mit medialer Verstärkung das Architekturbüro mit seinen individuellen Markeneigenschaften erlebbar und damit glaubhaft zu machen.

Dabei muss die Entscheidung für ein Leitmedium gefällt werden. Denn erstens reichen die Budgets der meisten Architekturbüros nicht aus für eine größere Kommunikationsoffensive über viele Medien hinweg; zweitens ist die richtige Entscheidung für ein Leitmedium an sich schon Ausdruck der bürospezifischen Haltung. Darüber hinaus gibt es eine Reihe von Argumenten für das eine oder andere Leitmedium. Auch hier muss die Entscheidung wieder individuell getroffen werden, gibt es kein Patentrezept.

Was für das Internet als Leitmedium spricht:

► Der Besucher einer Website kann sich im *Schaufenster* des Büros unbehelligt informieren und bleibt anonym; er spürt nicht diesen *Kaufzwang*, den er bei einem Anruf im Büro vielleicht fürchtet.

► Sie können bluffen. Kleine Projekte oder Ideen-Fragmente können komplex erscheinen; eine Vertiefung von Inhalten wird vom Besucher einer Website nicht erwartet.

► Websites sind in der Regel günstiger zu realisieren, als aufwändige Drucksachen.

► Websites sind aufgrund ihrer jederzeit veränderbaren Programmstruktur leichter und schneller zu aktualisieren als eine einmal gedruckte Broschüre.

► Dem Internet haftet immer noch der Ruf eines *modernen* Mediums an; für ein junges, progressives Büro kann das ein Argument sein. [Das Internet ist in jedem Fall ein Medium, dessen Entwicklung noch nicht abgeschlossen ist. Neue Software-Entwicklungen führen zu neuen Standards. Deshalb ist bei der Website-Gestaltung sicherzustellen, dass Design und Animationen auf den Rechnern der Zielgruppe auch funktionieren.]

gernot schulz : architektur

44 _ 45

Fallstudie 3: Gernot Schulz Architektur, Köln [D]

Wie die inhaltliche Positionierung und Haltung eines Büros mit Kommunikationsdesign-Mitteln strategisch vermittelt werden kann, zeigt das Beispiel des Kölner Architekten Gernot Schulz.

Es galt die Erarbeitung eines reflektierten, authentischen Unternehmensbildes mit der Festlegung der kommunikationsrelevanten Markenwerte zu verbinden. Zunächst wurde in mehreren Gesprächen mit dem Architekten das Unternehmensprofil herausgearbeitet und formuliert *[Was genau ist Ihre Geschäftsidee?] [Was verstehen Sie unter Service?] [Wer sind Ihre Traumkunden?] [Was versteht Ihr Kunde unter Architektur?]*. Das Ergebnis der Analyse war die inhaltliche Positionierung: Gernot Schulz steht im Wesentlichen für zwei Werte: für Architektur- und Entwurfsqualität sowie für kommunikative Kompetenz bei der künstlerischen Oberleitung im Bauprozess; kurz: Architektur und Dialog. Als Zielgruppe wurde der Bauherr, der *das Besondere* will, definiert. Ein Bauherr, der vom Autor der Idee auf dem Weg des Dialogs zur Realisierung von Architektur geführt werden möchte.

Auf dieser inhaltlichen Basis wurden Unternehmensmarke und Erscheinungsbild entwickelt: Kern des grafisch sehr reduzierten und klaren Corporate Designs ist der Doppelpunkt :. Dieses Sonderzeichen symbolisiert die in der Analyse ermittelte klare Haltung zur Architektur: der souveräne Mut zur eigenen Aussage und zur Dialogbereitschaft mit dem Kunden. So bildet der : das entscheidende Element im typografisch prägnanten Signet.

Die Website ist das prädestinierte Medium, um die Dienstleistungsmarke dieses Architekten mit ihren Kernaussagen zu verstärken. Hier gliedern ausschließlich die Motive *Architektur* und *Dialog* die Website. Die Dialogbereitschaft als kommunikativer Wert durchdringt das Design auf allen Ebenen – also in Bild, Text und Sound.

Auf der Home-Ebene sehen wir nur das Signet und zwei einen Doppelpunkt bildende graue Quadrate. Sie verdeutlichen die Leere der [noch] weißen Fläche – alles weitere ist also Kommunikation. Das obere Quadrat steht für Architektur, das untere für Dialog. Per Klick sind die beiden Menüs *ausfahrbar*. Oben bekommt man bildhafte Aussagen [Projekte] angeboten, unten textliche oder inhaltliche [u.a. *Autorenarchitektur*, *Ästhetik*, *Kontakt*]. Die in den Menüs präsentierten Angebote reagieren dynamisch auf die Mauszeigerposition. Nähert man sich beispielsweise einem Bild, so scheint einem dies *entgegen zu kommen*. Dezente Sound-Signets bestätigen diese Interaktion, diesen Dialog.

Das Kommunikationsdesign vermittelt dem Interessenten, dass er hier etwas Besonderes bekommt und dass hier der Dialog mit ihm gewünscht ist. Mit dem *Leitmedium Internet* wird das unverwechselbare Unternehmensprofil mit verstärkender Sichtbarmachung von Haltung und Werten kommuniziert.

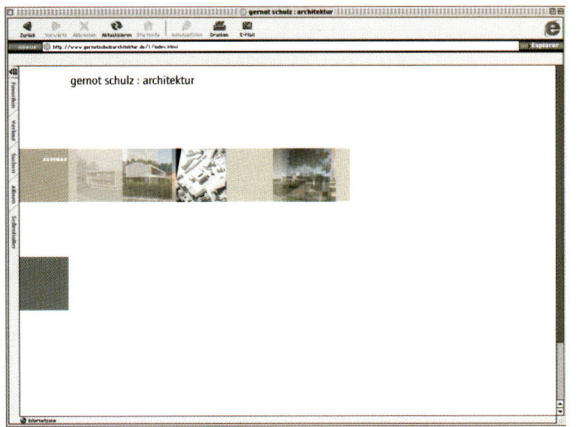

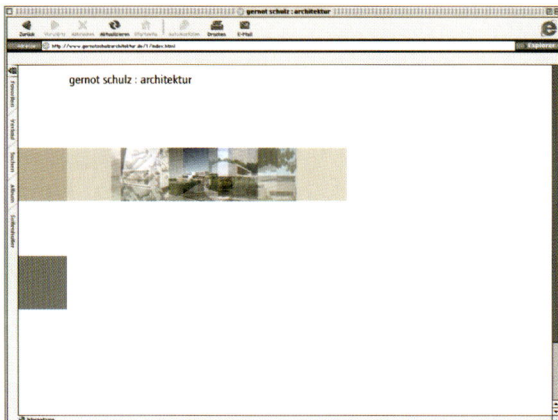

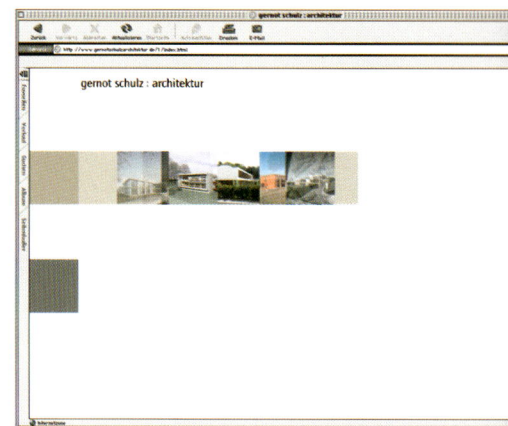

| Kommunikationsdesign

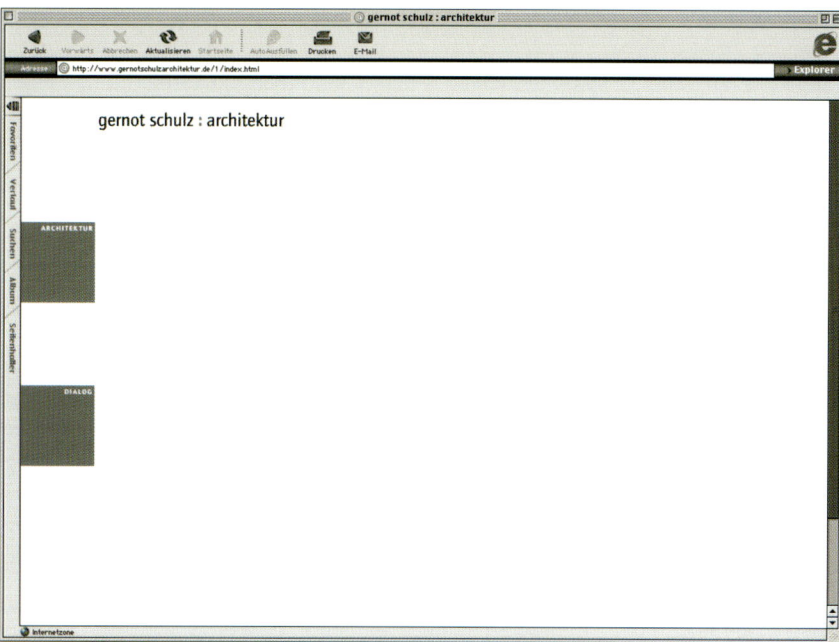

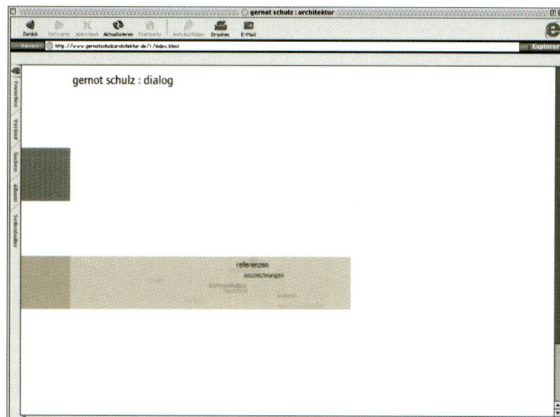

Website gernot schulz : architektur;
linke Seite: Bereich Architektur,
rechte Seite: Startseite und Bereich Dialog

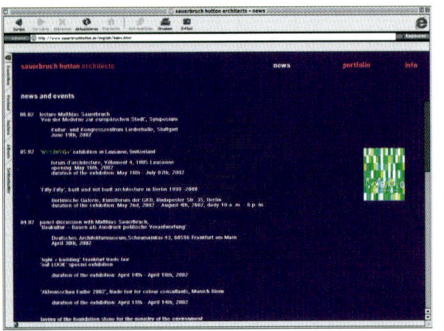

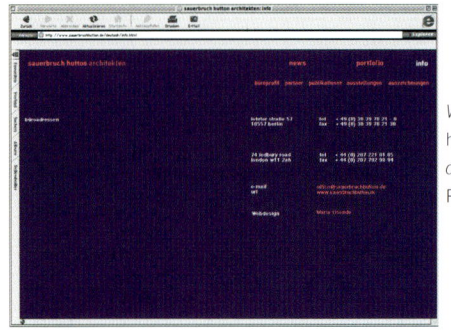

Website sauerbruch hutton architekten *mit den Bereichen* News, Portfolio *und* Info

Fallstudie 4: sauerbruch hutton architekten, London [UK] / Berlin [D]

Wie das Büro sauerbruch hutton architekten mit medialer Verstärkung seine individuellen Markeneigenschaften erlebbar macht, zeigt die Website des internationalen Architekturbüros.

Sauerbruch Hutton demonstriert mit einer ganz eigenen Form- und Farbensprache inhaltliche und formale Stärken in der Architektur. Dieses Profil wird im Internet ästhetisch und authentisch umgesetzt. So gliedert sich der Inhalt der Internet-Präsentation in lediglich drei Bereiche: *News*, *Portfolio* und *Info*. Der News-Bereich mit Vortragsterminen der Architekten, Publikationen und Events sagt: Wir sind ein Büro mit einer eigenen Haltung und Lehre. Der Portfolio-Bereich, der die Projekte mit einer bebilderten, scrollbaren Leiste aus Schlüsselbildern visualisiert, sagt: So setzen wir diese Haltung um. Der Info-Bereich sagt: So nehmen Sie mit uns Kontakt auf.

Die Gradlinigkeit des Webauftritts im Design und insbesondere die inhaltliche Klarheit der Website-Struktur verstärken die Werte, für die diese Dienstleistungsmarke steht. Sie steht auch für eine moderne, entwurfsstarke Architektur.

Fallstudie 5: Petzinka Pink Architekten, Düsseldorf [D]

Eine wichtige strategische Aufgabe für ein Architekturbüro ist es heute, bestimmte eigene Kompetenzfelder zu besetzen: um hier die eigene Marke prägnant zu positionieren und um sich inhaltlich von der Konkurrenz abzugrenzen. Petzinka Pink setzen hier auf starke Entwürfe, Technologie, Ökologie und Leichtbau sowie auf die Verschmelzung dieser Kompetenzfelder. Eine Komplexität der Aufgaben, der in Lehrtätigkeiten, Allianzen auf Hochschul- und Fachplanerebene Rechnung getragen wird.

Im Internet-Auftritt des renommierten Düsseldorfer Büros wird diese Besetzung der Kompetenzfelder deutlich, wird diese Profilierung medial verstärkt. So gliedert sich die in Pixelfelder strukturierte Navigationsleiste in folgende sieben Rubriken: *Wir, Leichtbau, Technologie, Ökologie, Forschung, Projekte* und *WirWir* [was die Allianzen zum Inhalt hat]. In der Struktur der Seiten erkennt der User architektentypische Mittel: Das Ganze wirkt final, abgeschlossen wie ein Haus. Für den Content stehen eine begrenzte Menge an Zimmern zur Verfügung. Und das Wichtigste: Die Struktur erlaubt einen Zugriff auf die Referenzbauten des Büros nur über den Weg der verwobenen Kompetenzfelder. So kommt niemand an den Kernthemen vorbei. Kernthemen, die Petzinka Pink Architekten mit der Struktur ihres Webauftrittes unübersehbar besetzen, durchdringen und verknüpfen.

Kommunikationsdesign

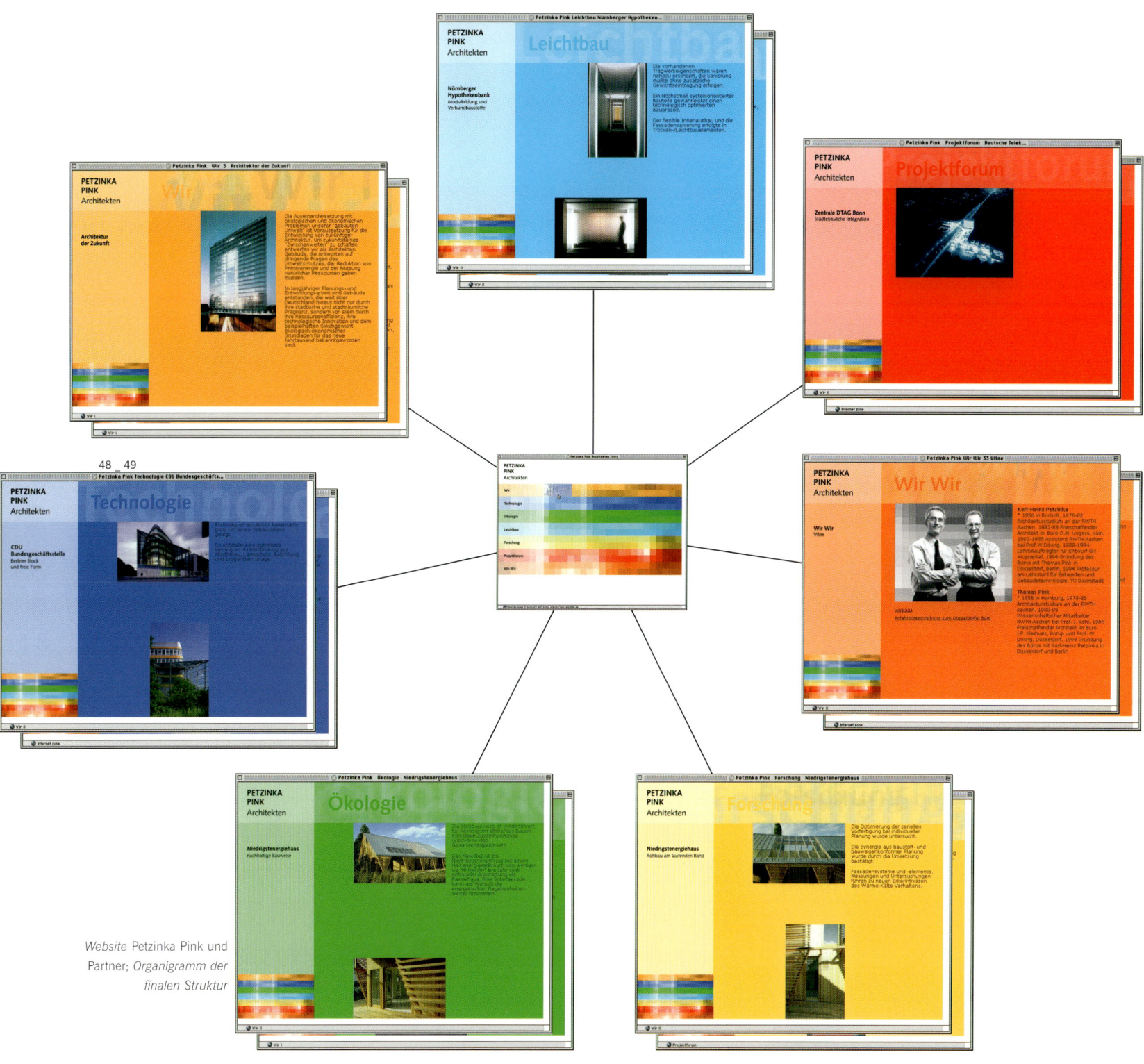

Website Petzinka Pink und Partner; *Organigramm der finalen Struktur*

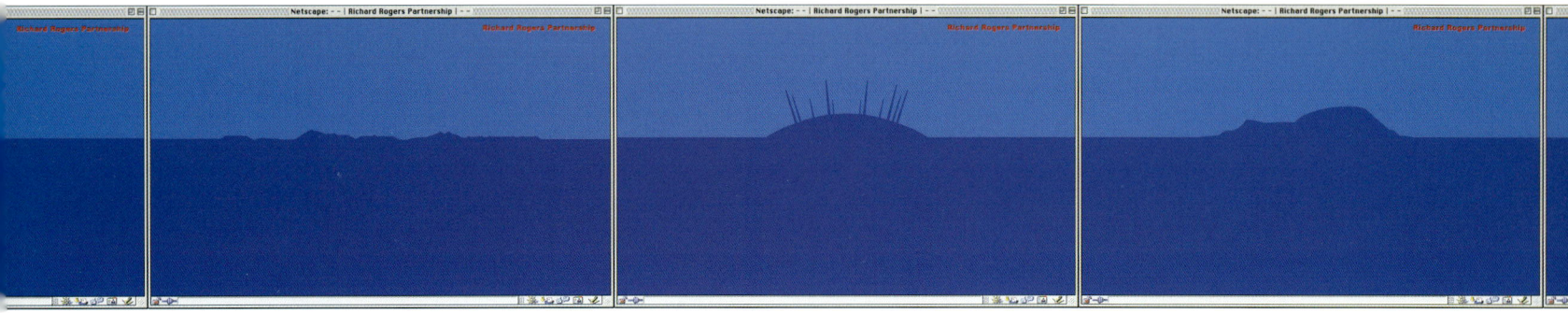

Website Richard Rogers Partnership;
oben: Introanimation, rechts:
Beispiele der Content-Seiten

Fallstudie 6: Richard Rogers Partnership, London [UK]

Ein Architektur-Unternehmen von Weltgeltung: so positioniert sich Richard Rogers Partnership am Markt. Das Büro, das bekanntermaßen zu den weltweit erfolgreichsten gehört, verstärkt seinen Anspruch und seine Haltung über das Medium *Internet*. Die Struktur, das Design und die Inhalte der Website machen den Interessenten deutlich: Hier besucht man genau dieses Architektur-Unternehmen, welches – gut organisiert – weltweit Top-Architektur baut, am laufenden Band. Internetspezifisch und damit medienadäquat umgesetzt wurde dieser Anspruch unter anderem mit einem durchlaufenden Horizont, von dem sich immer wieder die Umrisse von Referenzobjekten abzeichnen. Eine ganze Architekturwelt eröffnet sich hier: die Welt von Richard Rogers Partnership.

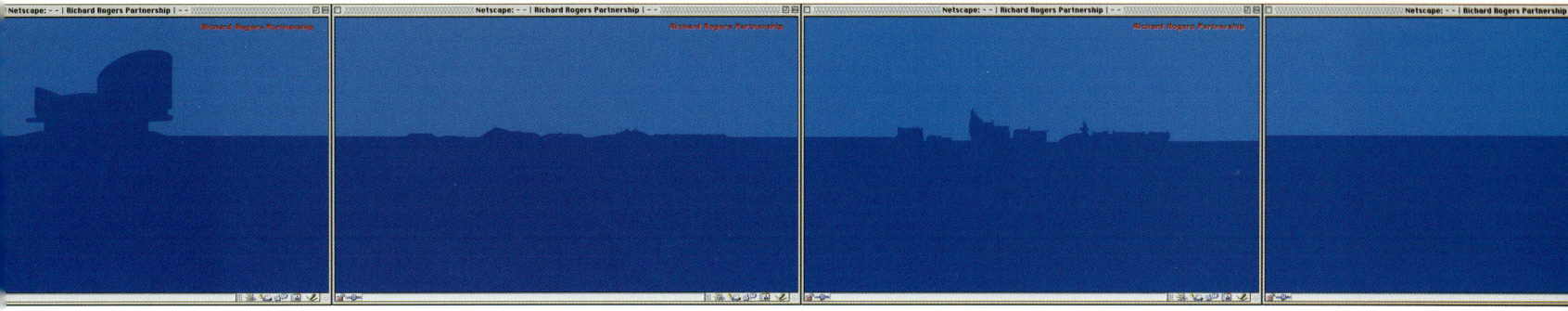

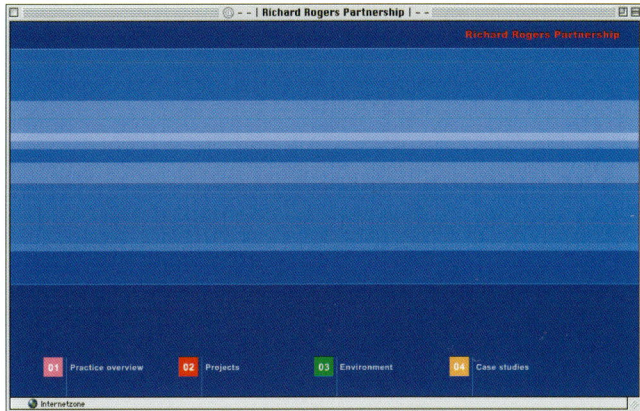

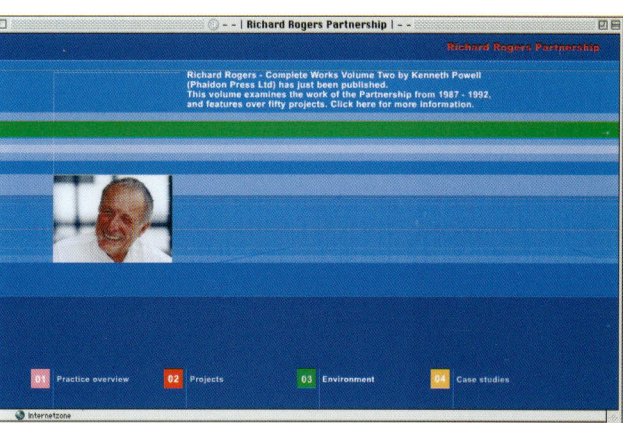

Richard Rogers - Complete Works Volume Two by Kenneth Powell (Phaidon Press Ltd) has just been published. This volume examines the work of the Partnership from 1987 - 1992, and features over fifty projects. Click here for more information.

| 01 Practice overview | 02 Projects | 03 Environment | 04 Case studies |

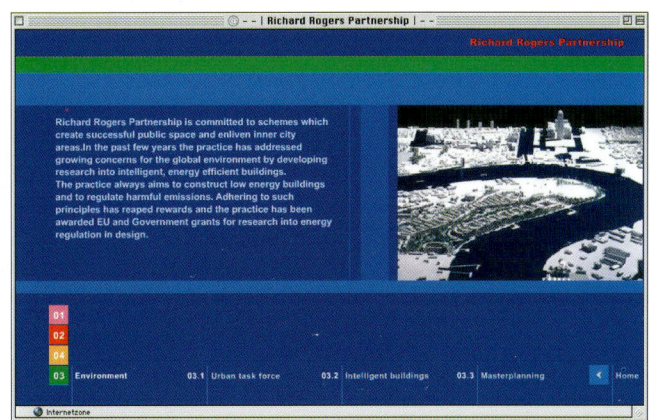

Richard Rogers Partnership is committed to schemes which create successful public space and enliven inner city areas.In the past few years the practice has addressed growing concerns for the global environment by developing research into intelligent, energy efficient buildings. The practice always aims to construct low energy buildings and to regulate harmful emissions. Adhering to such principles has reaped rewards and the practice has been awarded EU and Government grants for research into energy regulation in design.

01 02 04 03 Environment   03.1 Urban task force   03.2 Intelligent buildings   03.3 Masterplanning   Home

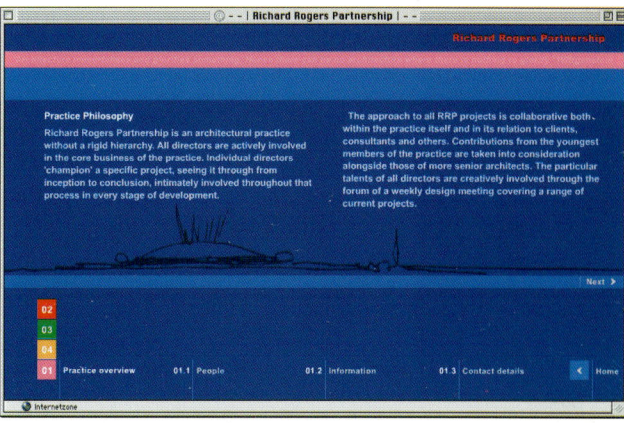

Practice Philosophy

Richard Rogers Partnership is an architectural practice without a rigid hierarchy. All directors are actively involved in the core business of the practice. Individual directors 'champion' a specific project, seeing it through from inception to conclusion, intimately involved throughout that process in every stage of development.

The approach to all RRP projects is collaborative both within the practice itself and in its relation to clients, consultants and others. Contributions from the youngest members of the practice are taken into consideration alongside those of more senior architects. The particular talents of all directors are creatively involved through the forum of a weekly design meeting covering a range of current projects.

Next ›

02 03 04 01 Practice overview   01.1 People   01.2 Information   01.3 Contact details   Home

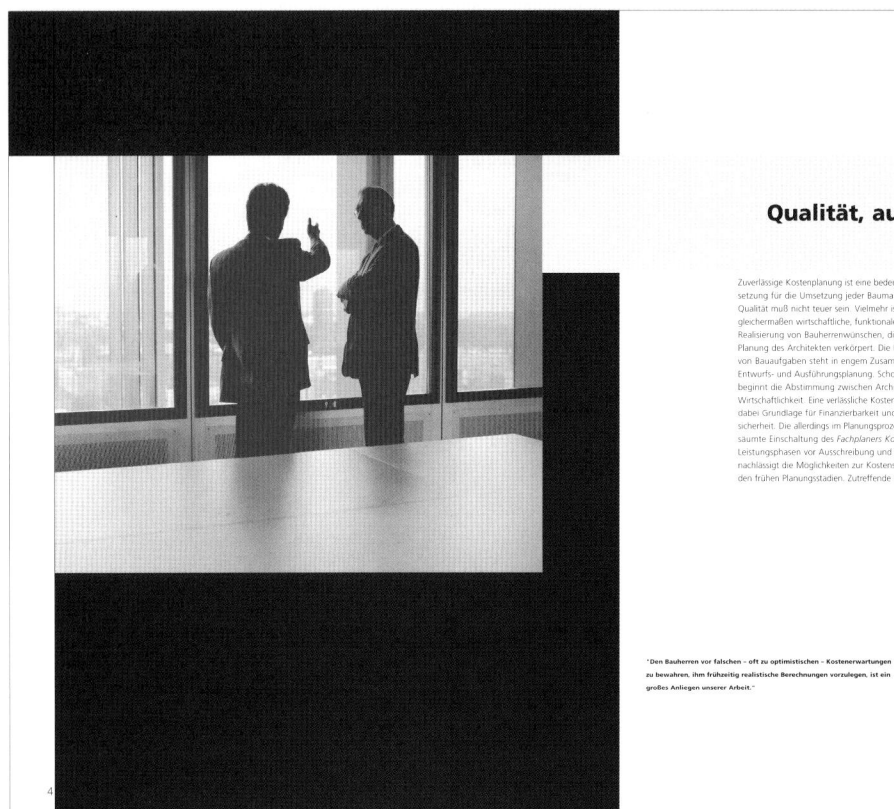

Qualität, auch eine Frage der Kosten

Zuverlässige Kostenplanung ist eine bedeutende Voraussetzung für die Umsetzung jeder Baumaßnahme. Qualität muß nicht teuer sein. Vielmehr ist Qualität die gleichermaßen wirtschaftliche, funktionale und formale Realisierung von Bauherrenwünschen, die sich in der Planung des Architekten verkörpert. Die Budgetierung von Bauaufgaben steht in engem Zusammenhang zu Entwurfs- und Ausführungsplanung. Schon im Entwurf beginnt die Abstimmung zwischen Architektur und Wirtschaftlichkeit. Eine verlässliche Kostenprognose ist dabei Grundlage für Finanzierbarkeit und Investitionssicherheit. Die allerdings im Planungsprozess häufig versäumte Einschaltung des *Fachplaners Kosten* in den Leistungsphasen vor Ausschreibung und Vergabe vernachlässigt die Möglichkeiten zur Kostensteuerung in den frühen Planungsstadien. Zutreffende Kostenerwar-

tungen bei Bauherrn und Architekt, basierend auf fundierten Berechnungen, sind jedoch unabdingbar für eine gedeihliche Projektentwicklung, anders: Nicht die ungünstige Kostenfeststellung im fortgeschrittenen Projektstadium schafft Probleme, sondern die unzureichende Kostenprognose. Wir empfehlen daher unsere beratende Mitwirkung bereits in den ersten Planungsphasen. Kostenschätzung, Kostenermittlung, Kostenanschlag, Kostenkontrolle und Kostenfeststellung – allesamt als Grundleistungen in vier unterschiedlichen Phasen des Architekten-Leistungsbildes verankert – werden von uns behandelt wie eine eigenständige Disziplin. Kostenverantwortung und -sicherheit – das ist für uns die Zusammenführung aller die Kosten kontrollierender und regulierender Leistungen in einer Hand.

"Den Bauherren vor falschen – oft zu optimistischen – Kostenerwartungen zu bewahren, ihm frühzeitig realistische Berechnungen vorzulegen, ist ein großes Anliegen unserer Arbeit."

| Kommunikationsdesign

Die Dienstleistungsmarke Architekturbüro steht immer für komplexe Werte. Diese brauchen mediale Verstärkung: durch Printmedien.

Wie schon gesagt: Die individuellen Werte, für die eine Dienstleistungsmarke steht, werden vom strategischen Designer zunächst herausgearbeitet und formuliert. Denn sie bilden die Basis des kommunikativen Unternehmensauftrittes. Für sich allein bleiben diese komplexen Werte im Sinne der Akquisition wirkungslos. Es gilt, mit medialer Verstärkung das Architekturbüro mit seinen individuellen Markeneigenschaften erlebbar und damit glaubhaft zu machen.

Was spricht bei der notwendigen Entscheidung für ein Leitmedium für die gedruckte Publikation?

► Größere Projekte und komplexe Inhalte können vertieft und mit Liebe zum Detail kommuniziert werden.

► Gute Papier- und Druckqualität machen Druckschriften an sich schon zu einem hochwertigen, dauerhaft attraktiven Medium. So entsprechen diese den hochwertigen Inhalten in der Kommunikation und unterstützen deren Nachhaltigkeit.

► Fotografie als wichtiges Element zur Vermittlung gebauter Qualitäten kommt am besten im Printbereich zur Geltung.

Fallstudie 7: Harms & Partner Bauingenieure, Hannover [D].

Harms & Partner Bauingenieure haben über 30 Jahre Erfahrung in der Realisierung herausragender Architektur mit Unikat-Charakter. Dadurch und mit seiner kompetenten, seriösen, moderierenden Arbeitsweise ist das Unternehmen mit den Leistungen Objektüberwachung und Projektsteuerung zu einem renommierten Namen geworden.

Bei Harms & Partner wird durch den Zusatz *Bauingenieure* bereits im Signet deutlich gemacht, dass hier Partner der Architekten und Bauherren am Werk sind, keine Konkurrenten. Im deshalb auch bewusst zurückhaltenden Auftritt stehen dann dementsprechend nicht Namen an erster Stelle, sondern Werte wie Vertrauen, Termin- und Kostentreue und insbesondere Kostensicherheit. An zweiter Stelle folgen dann die Namen der verantwortlichen Partner [Harms, Reinebeck, Timm, Weigel und Rutzen].

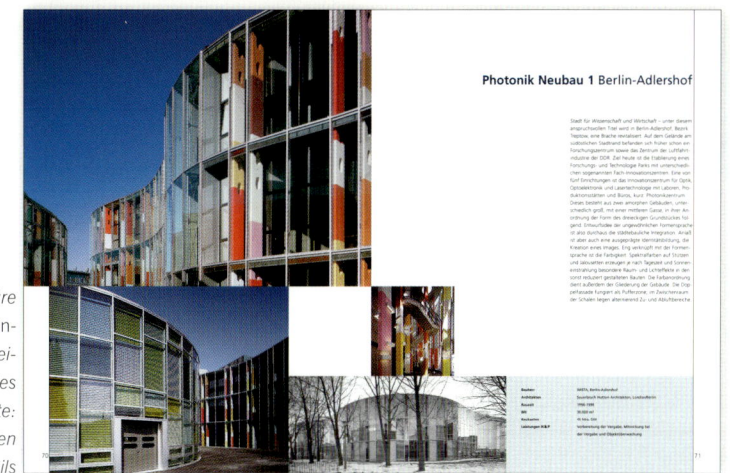

Unternehmensbroschüre Harms und Partner Bauingenieure; linke Seite: beispielhafte Doppelseite des Imageteils, rechte Seite: beispielhafte Doppelseiten des Projektteils

Ein Unternehmensprofil mit derart komplexen Werten kann allein mit *Branding,* also Markenbildung und Markenkommunikation, nicht ausreichend kommuniziert werden. Es braucht die mediale Verstärkung. Dass die Wahl des Printmediums vor allem dann sinnvoll ist, wenn der dauerhafte Charakter hochwertiger Druckerzeugnisse zum Markenkern des betreffenden Unternehmens passt, zeigt das Beispiel der Unternehmensbroschüre von Harms & Partner Bauingenieure.

Die Broschüre ist ausgestattet wie ein Geschäftsbericht; auf den ersten Blick – der immer affektiv ist – erkennt man, insbesondere an der Farbgebung, das Motiv *Ruhe*. Ein oft großflächig eingesetztes dunkles Blau, das den Betrachter an Banken und Versicherungen erinnern könnte, visualisiert emotionale Werte wie Vertrauen, Seriosität und Sicherheit. Harms & Partner Bauingenieure übernehmen Verantwortung für Bauherren und Architekten. Sowohl in der Objektüberwachung als auch bei der Projektsteuerung wird eine hochwertige, rechtzeitige Realisierung gewährleistet.

Blättert man durch die Broschüre, wird anhand des zurückhaltend gegliederten Gestaltungsrasters und der Aufbereitung der Inhalte dieses Verantwortungsbewusstsein deutlich. Jede Doppelseite ist ein gestaltetes Unikat und macht die Haltung des Unternehmens gegenüber den verantworteten Bauaufgaben deutlich. Die gesamte Aufmachung ist sehr hochwertig und inhaltlich konzentriert. Info-Häppchen sucht man hier vergebens. Neben der Unternehmensphilosophie erfährt der Leser von Projekt zu Projekt eine Menge über die Erfahrung der Bauingenieure, über Termin-

und Kostenbewusstsein. Qualität in allen Bereichen; Qualität, die man den Bauwerken ansieht, die von den Hannoveranern realisiert wurden. Qualität, die sich auch in der gedruckten Kommunikation wiederfindet. Die Werte, für die Harms & Partner Bauingenieure stehen, wurden also über den Einsatz mit Printmedien verstärkt und visuell belegt.

Der Print-Auftritt bildet im Übrigen inhaltlich und gestalterisch auch die Grundlage für die Website des Unternehmens, was seine Funktion als Leitmedium nur unterstützt. Internetgerecht wird das Ganze unter anderem durch einen 2-Minuten-Trailer, der gleich zu Beginn – noch vor der eigentlichen Homepage – alle wesentlichen Leistungen vermittelt und mit einer Auswahl an Top-Referenzen belegt.

Erweiterung Haupt-
verwaltung GSW,
Berlin; Ansicht der
Westfassade

CargoLifter-Werfthalle, *Brand;*
Gesamtansicht vom Rollfeld

Fotografie – Medium der Wahrheit, Medium der Begeisterung

Wer als Architekt Begeisterung an seiner Arbeit und für seine Entwürfe und Bauten vermitteln kann, ist im Vorteil bei der Vorbereitung und Durchführung erfolgreicher Akquisition.

Das prädestinierte Medium dafür ist die Fotografie: Ein gutes Foto wirkt wie ein authentischer Beleg für gelungene Architektur. Fotografie dokumentiert *und* informiert, ist darum glaubwürdig. Fotografie bringt die wichtige emotionale Komponente in die Kommunikation hinein. Durch eine authentische Dramatisierung erreicht man eine Verstärkung der Wirkung des Objektes. Reale Architektur kann im Foto beinahe überwirklich erscheinen und damit nicht nur überzeugen, sondern begeistern. Fotografie inszeniert ein Ereignis: das Erlebnis Architektur.

Fallstudie 8: Petzinka Pink Architekten, Düsseldorf [D]

Petzinka Pink Architekten sind Herausgeber einer ganzen Reihe von Projektbroschüren. Diese Broschüren sind reine Fotokataloge. Die Strategie der Architekten: stimmungsvolle, sensible Bilder als ideale Türöffner für die Akquisition kommender Architekturprojekte einzusetzen. Der authentische und in seiner Konsequenz radikale Auftritt filtert außerdem zukünftige Kontakte. Karl-Heinz Petzinka: „Wir wollen mit den Projektbroschüren unser Profil festlegen und unseren Charakter nach außen tragen. Unsere Gestaltung ist uns eigen und unverwechselbar. Also kommt sie auch bei denen an, die zu uns passen und uns verstehen." Die absolute Konzentration auf

Karl-Heinz Petzinka
Thomas Pink

Karl-Heinz Petzinka
Thomas Pink

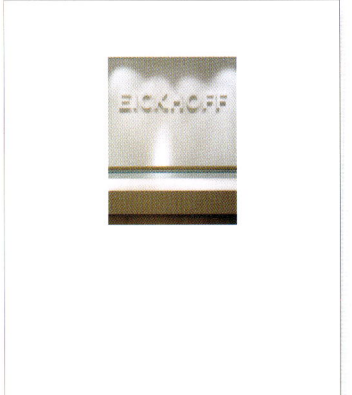

Karl-Heinz Petzinka
Thomas Pink

56 _ 57   das Bild – ein klares Bekenntnis zum Medium Fotografie von Petzinka Pink Architekten. Text wird in diesen Publikationen nur für die notwendigen Orts-angaben gebraucht, Entwurfserläuterungen oder gar Zeichnungen sucht man hier vergebens.

Entscheidend für die Zusammenarbeit zwischen Architekturbüro und Fotografen ist, dass der Fotograf die Intention der Architekten versteht und ihre Philosophie in Bilder umsetzen kann. Durch selbstständiges, unabhän-giges Arbeiten des Fotografen können die emotionalen Aspekte des Archi-tekturerlebnisses auch adäquat umgesetzt werden.

Fotografie ist ein wichtiges, wenn nicht das wichtigste Medium zur Po-sitionierung dieser Architekten. So begeistern Petzinka Pink Architekten ihre Zielgruppen mit der stimmungsvollen Inszenierung ihrer Bauten und bele-gen ganz nebenbei ihr Können.

form follows fiction – ein Fazit

„Eine Marke ist die Kennzeichnung einer Dienstleistung [oder Ware] zuzüglich eines durch Kommunikation erzeugten positiven Vorurteils." [Bernd Kreutz, GF Kreutz und Partner, Düsseldorf]. Das durch Kommunika-tion erzeugte positive Vorurteil, oder der authentische Bluff, wie wir es nen-nen, macht eine Marke erst erkennbar und ist somit Grundvoraussetzung für ihren Erfolg. Denn keine Marke spricht für sich selbst. Sie braucht im-mer mediale Verstärkung. Das gilt für einen guten Wein genauso wie für die Dienstleistungsmarke *Architekturbüro*. Wird man auf einen guten Wein –

oder einen brillanten Architekten – nicht aufmerksam gemacht, kann man ihn nicht kennen lernen. Wesentliche Grundvoraussetzungen und strategische Vorteile konsequenten, markenbewussten Kommunikations-designs sind:

▸ Der Architekt erkennt sich mit seiner hochwertigen Dienstleistung als Marke, die aus ganz individuellen Werten besteht.

▸ Er kommuniziert seine für ihn ermittelten Markenwerte konsequent, authentisch und unverwechselbar.

▸ Er schafft den authentischen Bluff. Mit einem Erscheinungsbild, das mit seinem Anspruch an sich selbst zunächst verblüfft, aber stim-mig zu den Werten seiner Dienstleistungsmarke passt.

▸ Er kommuniziert mit visuellen Mitteln seine Identität und Unver-wechselbarkeit [seines Angebots] und grenzt sich damit von den Mitbewerbern ab.

▸ Er entscheidet sich für ein Leitmedium, das mit seinen medien-im-manenten Eigenschaften die Positionierung seiner Dienstleistungs-marke und ihre Werte verstärkt.

oder:

Tradition neu schaffen.

Visionen oder Träume wahr werden zu lassen, das erinnert an 1001 Nacht: der Architekt als Dschinn aus der Wunderlampe, der dem Bauherrn Aladin seine Wünsche erfüllt. Bestimmt hegt so mancher Bauherr Illusionen, die nicht zu realisieren sind. Und Architekten sind auch keine allmächtigen Geister oder Zauberer, aber die Bilder, die sie schaffen, geben ihnen Macht. Im Wettbewerb und der Direktakquisition sind Bilder zu kreieren, die die Bilder im Kopf der Jury bzw. der potentiellen Auftraggeber ansprechen. Der Architekt kann und soll durchaus auch neue Bilder erschaffen. In jedem Fall gilt es, den Wertekanon des Adressaten zu treffen. Dabei ist die Teilnahme an einem anonymen Wettbewerb eine Art Blind-Date zwischen Auslober und Architekt. Entscheidend für den Erfolg des Architekten ist das *Killerbild*: überspitzt formuliert ein einziges Bild, das, ohne dass der Schöpfer vorher bekannt ist, einnimmt und überzeugt. Der erste Blick kennzeichnet ein Phänomen, für das es keine objektive Erklärung gibt, das aber die Kommunikation beherrscht. Die spontane Wirkung entscheidet oft über Erfolg oder Misserfolg.

Visualisierungen sind Erfüllungsversprechen: der Werte des Bauherrn und der Umsetzungsfähigkeit des Architekten. Der Auftraggeber muss Vertrauen schöpfen können in die kreativen Qualitäten des Schöpfers sowie in seine technisch-konstruktive Leistungsfähigkeit. Die mediale Darstellung von Ideen und Visionen ist daher Teil der Kreation. Visualisierung von Architektur setzt auf eine Mischung von Inhalt, Technik und angewandter Psychologie. Mit welchen Mitteln – Zeichnung, Computeranimation, Multimedia – Architekturideen sichtbar gemacht werden, ist eine Frage des strategischen Marketings. Grundlage jeder Strategie ist die *Highest-and-best-use*-Methode. Diese impliziert, je nach eigenen Kompetenzen, die Kooperation mit Visualisierungsspezialisten.

/Der Herr der Bilder

Von Edgar Haupt und Markus Junker

Das Sichtbarmachen von Visionen und Ideen in überzeugenden Bildern ist das originäre Kommunikationsmittel des Architekten. Der Begriff Bild wird hier übergeordnet verwendet für die Darstellung von architektonischen Ideen und Visionen, ob in 2D oder 3D, ob planeben, plastisch oder bewegt. Jede Darstellung ist Ausdruck der Identität: eines persönlichen Stils oder einer Handschrift, die ebenso wie das Kommunikationsdesign die Marke Architekt medial unterstützen, ja selbst gestaltete Kommunikation sind. Die Visualisierung ist ein zentrales Akquisitionsinstrument, ob im anonymen Wettbewerb oder in der Direktbewerbung. Für die Wahl der Mittel gibt es keine verallgemeinerbaren Kriterien. Ob der Architekt also Architekturzeichnungen, Computeranimationen oder multimediale Darstellungen wählt, ist nicht abhängig von den jeweilig unterschiedlichen Qualitäten an sich. Was zählt, ist deren Angemessenheit bezüglich Botschaft und Wiedererkennbarkeit des Entwerfers, das Erreichen der Zielgruppe und deren Sehgewohnheiten. Die Bilder, mit denen Architektur in der Öffentlichkeit und den Medien erscheint, ändern sich: abhängig vom Zeitgeschmack, den technischen Entwicklungen und dem damit verbundenen Wandel der Seh- und Kommunikationsgewohnheiten. Wesentliches Kriterium für das Erreichen des Kunden ist dessen *Sicht*, denn das Bild von Architektur lebt insbesondere durch die Vorstellungskraft des Betrachters. Folge: Die mediale Darstellung von Architektur ist Teil der Kreation! Und nicht zuletzt ist die Darstellung auch ein Befähigungsnachweis: der Beherrschung von Darstellungsmitteln wie der Kommunikationsfähigkeit eines Büros.

Architektur wird über Bilder vermittelt. Die Bilder sind in der Kommunikation wichtiger als ihr Schöpfer. Denn meist erscheint das Bild der Architektur ohne den Architekten. Und neben dem Architekten setzen auch andere – Investoren, Makler, Werbestrategen – Bilder von Architektur für ihre Zwecke ein. Deren Bilder stellen mitunter weniger Architektur als das Produkt Immobilie dar. Der Architekt ist in solchen Fällen nicht selten nur Lieferant einer Idee. Oder er wird erst benötigt, wenn das Projekt entwickelt ist, die Zielgruppe und das Architektur-Image feststehen. Ist der Architekt etwas bekannter, darf er seinen Namen noch als *Label* hinzugeben. Übrig bleibt die Herstellung einer Erscheinung *[shape]* und weniger die architektonische Idee *[form]*. Auch schlechte Architektur lässt sich über gute Bilder verkaufen. Und eine gute Architektur liefert nicht per se ein überzeugendes Bildargument. Ohne falsche Fronten aufzubauen, sollte sich der Architekt der potenziellen Zweckentfremdung bewusst sein, um Schaden am eigenen Image zu vermeiden.

Für den Architekten ist es strategische Notwendigkeit, eine aktive Rolle in der Erstellung und vor allem in der Verwendung seiner Bilder einzunehmen. Die emotionalen Komponenten des Bildes gilt es dabei positiv zu nutzen: Den Bildern soll Authentizität und Glaubwürdigkeit verliehen werden, zugleich sollen mit einem *Killerbild* schlagende Argumente für die eigene Position geliefert werden. Visualisierung von Architektur ist eine kommunikative Transferleistung. Eine Aufgabe, die mancher Architekt in Eigenregie vollbringen kann, für die sich aber auch eine Kooperation mit Zeichnern

oder Visualisierern empfiehlt. Eine solche Kooperation ist kein kommunikatives Armutszeugnis, sondern ebenfalls Strategie, nämlich die der Qualitätssicherung – Motto: *Das beste Mittel mit dem besten Anwender für ein optimales Ergebnis*. Umgekehrt kann eine besondere Qualifikation in der Darstellung auch Grundlage für die Positionierung eines Architekten in Sachen Kommunikation sein.

Strategie des Designdevelopments

Konkrete Aussagen zu frühen Zeitpunkten – auf diese Formel lässt sich das computergenerierte Entwerfen und Planen bei ABB Architekten, Frankfurt, zusammenfassen. Es geht darum, prägende gestalterische Elemente schon im Entwurf zu klären. Resultat ist hohe Kostensicherheit von Anfang an – ein wichtiges Kriterium für die Vermarktung. „Die große Bearbeitungstiefe in der Entwurfsphase ermöglicht eine Realitätsnähe, die dem Vorstellungsvermögen von Bauherren und Investoren entgegenkommt." [Michael Beye, geschäftsführender Partner]. Um besondere städtebauliche Bezüge darzustellen, werden Visualisierungen durch Modelle ergänzt. Unkonventionelle Entwürfe lassen sich überhaupt erst mittels Computer her- und darstellen. Die Wahl der Software erfolgt nach der jeweiligen Eignung. Es werden daher unterschiedlichste Produkte eingesetzt, so auch *Maya*, ein Entwurfs- und Visualisierungsprogramm aus der Filmindustrie. Kompatibilität der Software ist wichtig, jedoch nicht alleiniges Entscheidungskriterium für die Anwendung. „Wir fahren eine Premiumlinie; Qualität steht bei ABB

Architekten an erster Stelle." Von der Visualisierung bis zur Realisierung, für ABB ideelle wie gebaute Kommunikation, folgt die Außendarstellung einer konsequenten Markenbildung. Dazu gehört auch die strategisch motivierte, gemeinsame Kommunikation von Projekten mit renommierten Geschäftspartnern wie dem Softwarehaus Nemetschek oder dem Bauherrn BMW.

Strategie der Innovation

Expressive Aquarelle und Computer-Renderings – mit ihren auffallenden und intensiven Architekturdarstellungen finden Orawiec Orawiec OX2architekten, Aachen, ihren eigenen Weg in die [Fach-]Öffentlichkeit. „Die Faszination des Bildes ist ein Sympathieträger für den Schöpfer. Wir werben mit der Präsenz im Bewusstsein anderer." [Ina-Marie Orawiec]. Nach eigenen Schätzungen resultieren 30-40 Prozent ihrer Aufträge aus den zahlreichen und auffallenden Publikationen. Die multimediale und publikumswirksame Darstellung von Architektur und Planungsprozessen hat ihnen einen Ruf als innovative Visualisierer und besonders qualifizierte Kommunikatoren von Architektur eingebracht. So werden OX2architekten nicht nur als Architekten, sondern auch als architektonisch versierte Moderatoren für externe Planungsprozesse engagiert. Visualisierungen unterschiedlicher Art werden grundsätzlich selbst erstellt. Die Entscheidung für ein Medium hängt ab von dem Kommunikationsziel und dem Entwurfsstadium. Aquarelle, in Reinform oder digital überarbeitet, vermitteln bewusst die *Idee des Unfertigen*. Computerbilder dokumentieren dagegen bereits verdichtete Vor-

stellungen. „Wir träumen von Visualisierungen in Echtzeit. Ein Schritt sind teilrealisierte Internetprojekte, die im virtuellen Raum Plattformen für mehrdimensionale Simulationen schaffen. Ein Schritt ist auch der Medientisch von IQUENA-Interaktive Mediatektur: der holografischen und interaktiven Darstellung von Architektur durch Gestiksteuerung".

Strategie der Allianz und Authentizität

Das Büro Ingenhoven Overdiek und Partner, Düsseldorf, ist bekannt für die Konzeptionierung und Abwicklung von ambitionierten Großprojekten. Die Akquisition solcher Bauvorhaben erfordert eine moderne Haltung zur Arbeitsweise des Architekten und insbesondere den strategischen Einsatz von externen Architekturdarstellern wie dem Zeichner Peter Wels, Hamburg. Im Interview erläutern Christoph Ingenhoven [CI] und Peter Wels [PW] ihr Arbeitskonzept.

CI: Zeichnen im Sinne der repräsentativen und werbenden Architekturzeichnung spielt für meine persönliche Arbeit schon seit vielen Jahren keine Rolle mehr. Was ich jedoch tue, ist nach wie vor mit dem Stift nachdenken, also skizzieren. Skizzen sind ein Hilfsmittel, um denken zu können – für mich allein und mit den anderen in unserem Team. Denn Entwerfen ist ein gemeinsamer Denkprozess. Wichtig sind daher Gedanken, sind Gespräche und Diskussionen. So finden wir unsere Architektur.

Nicht mehr zu zeichnen – das klingt nach einer Einengung der eigenen Kreativität, nach einer Beschneidung der eigenen Ausdrucksmittel.
CI: Im Gegenteil, das Nicht-Zeichnen-Müssen ist eine wirkliche Befreiung. Früher war das Selbstverliebtsein in die eigene Zeichnung ein echtes Problem, das mich stark behindert hat. Doch nur mit einer gewissen Distanziertheit ist es mir möglich, mich immer wieder auf Neues einzulassen. Das gilt auch für meine Mitarbeiter. Unser Bild von Architektur ist in erster Linie ein strategisches, also die Visualisierung von Ideen, von Möglichkeiten und Beweisen, es setzt um, dass unsere Architektur besondere Qualitäten hat, es ist weniger ein Bild von Architektur selbst. Denn dafür ist die Architekturzeichnung das beste Mittel. Und da kommt der Architekturzeichner Peter Wels ins Spiel. Denn er ist in der Lage, für uns ein lebendiges Bild zu erzeugen – ein Bild von etwas, das sich bei uns noch im Stadium des Gedankens befindet.

Zeichnungen sind sicher gute Mittel, imaginären Bildern ihre authentische Gestalt – Konstruktion, Materialität und Licht – zu geben sowie Blickbeziehungen und Einbindungen ins Umfeld darzustellen.
PW: Authentizität ist das richtige Stichwort. Das schafft in jeder Beziehung nur die Zeichnung. Sie ist im übertragenen Sinne die persönliche Handschrift oder auch die Sprache des Architekten. Die Werktreue ist ein entscheidendes Kriterium bei der Wiedergabe eines Werkes; das ist auch bei Musikern oder Schauspielern so.

Zeche Graf Bismarck,
Aquarell [links];
Prague 8 Docks, Rendering

Hauptbahnhof
Stuttgart,
computer-
bearbeitete
Zeichnung

Die Ideen des einen mit den Ausdrucksmöglichkeiten des anderen zu vermitteln – ist das nicht, Herr Ingenhoven, vor allem eine Strategie der nach Spezialisten geteilten, wirtschaftlichen Betriebsführung?

CI: Nein, das ist die Strategie der höchsten Qualität. Nehmen wir mal den Vergleich zum Film. So ist ein Filmregisseur zwar verantwortlich für die künstlerische und logistische Realisierung eines Filmes, und er hat auch die Idee. Für die Umsetzung zieht er aber einen Drehbuchautor hinzu, und zwar den besten, den er finden kann – in unserem Fall eben den besten Zeichner. Die Aufgabe des Zeichners ist dabei durchaus vergleichbar mit der des Drehbuchautors. Am Anfang eines jeden Projektes steht nämlich das Story-board. Die Geschichte eines Filmes, ihre Visualisierung, jede Szene wird dabei über Zeichnungen vorgedacht. Das naheliegende Beispiel ist Mickey Mouse, also die Zeichenfilmproduktion bei Disney. Aber auch bei James Bond-Filmen wird so gearbeitet.

Übertragen auf die Architektur bedeutet das, dass die Visualisierung eines Entwurfgedankens mehr ist als die Zeichnung von Architektur. Jetzt kommt unser Projekt Hauptbahnhof Stuttgart. Uns ging es bei der Darstellung des Entwurfes um den Nachweis, dass der Raum unter dem Schlossgarten hohe Aufenthaltsqualitäten haben würde, dass eine solche Bahnsteighalle in der Tat transparent sein könnte – das ist Strategie. Ich kann im Kopf durch meine Gebäude gehen und diese Dinge vor mir sehen, aber wie vermittle ich das dem Betrachter? Wir tun das, indem wir Zeichnungen von unseren Ideen schaffen, die nicht einfach nur Momentaufnahmen sind, sondern die

sozusagen eine Geschichte erzählen, den Menschen bewegen. Wir wollen Dinge, die uns beim Entwurf bewegen und die nicht nur rein architektonischen Charakter haben, überzeugend darstellen. Und nicht selten geht es ja gerade bei den Großprojekten auch um Visionen – und um den Beweis, dass diese verwirklichbar sind.

PW: Die Zeichnung muss natürlich bei aller Begeisterung auch gleichzeitig Vertrauen wecken. Sie darf keine billige Effekthascherei sein. Ich möchte mit meinen Zeichnungen Architektur populär machen. Sie als etwas Spannendes darstellen, das möglichst niemanden gleichgültig lässt.

CI: Tatsächlich können Zeichnungen aufgrund ihrer Wirklichkeitsnähe Macht auf den Betrachter haben. Diese zu kennen und einzusetzen, heißt für uns aber eben nicht Verführung, sondern Mutmachen. Ob Bauherr, ob die Öffentlichkeit oder Mitarbeiter: Die Vision im besten Sinne schafft Verbindlichkeiten. Das erste Bild ist für uns ein Maßstab von der Präsentation bis zur Fertigstellung – eine Vision, die alle Beteiligten bindet, auf die alle hinarbeiten in einem meistens doch sehr langen Umsetzungsprozess.

/Das *Killerbild*

Von Markus Junker

Interessenten, die nach unseren Diensten fragen, verwenden dafür ganz unterschiedliche Begriffe. Der eine fragt nach einer Perspektive, der nächste nach einer Illustration, der andere nach einer Animation oder Visualisierung. Alle sind auf der Suche nach dem ultimativen Bild: einem Architekturbild, das den Betrachter restlos von dem überzeugt, was die Planer vermitteln wollen. Aber kann ein Bild das treffen? Worin besteht ein solches Bild, was kann es leisten?

Sinnvoll ist zunächst eine Klärung der Begriffe. Unter Perspektive versteht man eine Projektion, die Dreidimensionales zweidimensional abbildet. Eine Illustration – also das Bebildern eines Textes oder das Veranschaulichen eines Zusammenhangs – ist eng mit einer sprachlichen Aussage verknüpft. Die Illustration kann sich um sachliche Darstellung bemühen oder eine subjektive Interpretation liefern. Bei der Animation geht es um das *Lebendigmachen* von Dingen oder Bildern – hierfür wird in erster Linie die Bewegung als das augenfälligste Merkmal des Lebendigen eingesetzt – aber auch um die Reaktionen, zu denen ein Betrachter animiert werden soll. Die Visualisierung bezeichnet all das, was durch das Auge aufgenommen wird. Vor allem steht der Begriff für den Charakter und die Atmosphäre eines Bildes. In dem Wort Visualisierung steckt das *ins-Auge-fassen*, also etwas prüfen oder genauer ansehen. Dieses Visieren, den Augpunkt auf ein bestimmtes Objekt zu richten, findet bei der Visualisierung in umgekehrter Richtung statt. Die Visualisierung macht etwas zugänglich, das vorher so nicht zugänglich war, und zwar weder dem Auge noch über Assoziationen.

Die Architekturvisualisierung muss das noch Unsichtbare anfüllen mit visuellen Informationen, die vom Betrachter verwertet werden können. Diese Bildaussage gilt es zu kontrollieren und in ihrer Wirkung so abzustimmen, dass der gewünschte Effekt im Auge des Betrachters erzielt wird.

Bildcodes übersetzen

Jedes Bild stellt ein in sich geschlossenes Werk dar. Ein solches Bild kann sehr gut geeignet sein, auch nicht durchdachte Produkte zu verkaufen, indem es Argumente auf rein emotionaler oder suggestiver Ebene transportiert und die Architektur in den Hintergrund tritt. Gute Architektur ergibt jedoch ebenso wenig automatisch ein schlagendes Bildargument, wie eine schlechte den Erfolg eines Immobilienproduktes schon in der Darstellung verhindert.

Schon in der Ideenentwicklung arbeitet der Architekt mit Bildern, seien diese assoziativ, grundrissgrafisch oder auf konkrete Architekturen und Vorbilder bezogen. Ein Großteil dieser für Architekten selbstverständlichen Übersetzungsleistung ist aber nicht angeboren, sondern erlernt – schon die Isometrie erfordert eine enorme Leistung des Betrachters. Es bedarf also der Perspektive oder Animation um die Dreidimensionalität der Architektur in allgemein bekannte Medien und Darstellungsformen [Print, Video] zu übersetzen. Architektonische Ideen sollten nicht daran scheitern, dass sie schon in einer frühen Phase die Unterwerfung des Betrachters unter die Sprache und Werkzeuge des Architekten erfordern. Entscheidend für die Interesse

| Visualisierung

*Bürohaus
Marienburger Straße
Köln; Perspektive,
Rendering, Montage*

Flughafen –
Virtuelles Stadtmodell,
Computeranimation

weckende Darstellung ist die Kontrolle über alle Signale, die von einem Bild ausgehen. Jeder Entwurf muss übersetzt werden in eine für die Betrachter, meist Architekturlaien, verständlichen Form. Der Betrachter sollte ermutigt werden, sich mit den für ihn verständlich präsentierten Bildinhalten auseinanderzusetzen.

Betrachter ernst nehmen

Das überlegte Ausrichten des Bildes als *Waffe* umfasst im Vorfeld vor allem taktische Erwägungen: Welchen Weg soll das Bild nehmen? Laut, leise? Soll es seine Wirkung im Knalleffekt oder schleichend entfalten? Bei der Visualisierung geht es nicht um Effekthascherei mit Hilfe des [software]technisch Machbaren. Erst eine auf den Betrachter zugeschnittene Visualisierung ermöglicht die gleichberechtigte Kommunikation, das Gespräch auf gleichem Niveau zwischen Betrachter und Architekt. Der mit dem Entwurf vertraute Architekt und der unvoreingenommene Visualisierer stellen dabei die Weichen für die Wirkung des Bildes auf den Architekturlaien: Bauherren, aber auch Projektentwickler. Gerade die Kommunikation mit Projektentwicklern erfordert eine gezielte Vorgehensweise des Architekten. Denn für diese sind Bilder von Architektur in erster Linie Verkaufsinstrumente. Indem der Architekt seinen Entwurf als Bild in der Sprache der Projektentwickler präsentiert, kann der Architekt initiativ auf gleichem Niveau mit seinen Auftraggebern handeln und verhandeln.

Für die Auslagerung der Visualisierung gibt es viele gute Gründe. Gerade unsere Kunden aus mittleren und kleinen Büros schätzen es, kurz vor einer Präsentation oder Wettbewerbsabgabe den Kopf frei zu haben und sich von der komplexen Bildfindung entlasten zu können. Hochwertige Visualisierungen sind in Wettbewerben meist im Vorteil gegenüber Selbstgestricktem. Andere Auftraggeber greifen auf uns zurück, um ihrem Bauherrn einen Zusatznutzen anzubieten, etwa eine multimediale Anwendung, mit der der Bauherr sein neues Gebäude präsentieren kann, lange bevor es fertiggestellt ist.

NBV/UGA Straelen-Herongen,
Versteigerung – Überprüfung der
Raumgeometrie, Computeranimation

Kommunikative Brücken schlagen

Mit der Visualisierung wird eine Art von Vorwirklichkeit geschaffen, die es ermöglicht, die Architektur sowohl in geometrisch konstruktiver Hinsicht als auch hinsichtlich ihrer kommunikativen Wirkung zu prüfen. Bei diesem Verfahren treten neben der ungeschminkten Maßstäblichkeit des Entwurfes auch die Stichhaltigkeit und Aussagekraft der vorhandenen Unterlagen zu Tage. Im ständigen Austausch von Bildern als Fragen und Skizzen, Worten und Beispielen als Antwort werden die assoziierten Bilder aus den Köpfen der Beteiligten in eine lesbare Form gebracht. Die tiefe Auseinandersetzung eines Außenstehenden mit dem Entwurf legt häufig beim Planer potenzielle Kommunikationsprobleme offen und zeigt das Maß der von den Architekten häufig unbewusst vorausgesetzten gedanklichen und bildlichen Ergänzungen. Das Abfragen und Aufdecken von Planungscodes trägt wesentlich zur Präzision der späteren Bildaussage bei.

Visualisierungen schlagen eine Brücke zwischen dem Planungsstand und der Erwartung des Betrachters. Ein Bild darf nicht unstimmig wirken, dem kritischen Betrachter dürfen nicht Argumente geliefert werden, die Betrachtung abzubrechen, etwa dadurch, dass der Abstand zu einer vorgestellten Wirklichkeit zu groß ist. Hinzufügungen erfüllen das Bedürfnis des Laien nach einem geschlossenen Bild, das er als Vorwirklichkeit in seiner Sprache akzeptiert. Ergänzungen verdichten das Bild an heraus gehobenen Stellen und führen den Blick des Betrachters über andere hinweg. Durch Verknappung und Sättigung der Information wird das Bild zu einer Geschichte, die

Frankreich –
Virtuelles Stadtmodell,
Computeranimation

den Betrachter über einen ersten Blick hinaus fesselt. Der Standpunkt ist der Teil des Bildes, der den Betrachter zum Subjekt der gezeigten Geschichte macht. Damit ein Bild seine Wirkung entfalten kann, muss sich der Betrachter den imaginären, nicht sichtbaren Standpunkt zu Eigen machen und selbst Teil der erzählten Geschichte werden. Die Perspektive lässt den Betrachter seine eigene Lage [Standpunkt] im Raum erschließen. Das Bild muss Hinweise auf eben diese Lage im Raum enthalten. Die Überzeugungskraft eines Bildes gewinnt wesentlich durch eine objektive Darstellung des Raumes/Gebäudes. Wenn sich etwa die Perspektive verselbstständigt, selbst zum Bildinhalt wird, wird sich der Betrachter aus dem Bilde ausgeschlossen fühlen bzw. die Einnahme des Standpunktes verweigern und damit nur noch schwer zu erreichen sein.

Kein anderer Faktor der bildnerischen Gestaltung hat eine so große Bedeutung für die Interpretation des Bildes wie das Licht. Das Licht inszeniert die räumliche Situation. Licht transportiert Eindrücke, die von der Geometrie nicht geleistet werden können. Mit dem Licht werden die Emotionen des Betrachters und der Sympathiewert eines Bildes gesteuert; die Wirkung des Raumes wird intensiviert, sogar aufgehoben und der Blick gelenkt.

Schlüssige Bilder überzeugen

Die Visualisierung muss das Wesen der Architektur erfassen und alle Bildteile zu einer Story verdichten. Sie ist das Kondensat des Entwurfs. Story und Bild müssen so verdichtet sein, dass sie durch sich überzeugen. Die Persönlichkeit des Architekten hat in diesem Falle wenig Einfluss. Denn der Architekt selbst erscheint, wenn überhaupt, erst hinter dem Bild seiner Architektur. Am häufigsten erscheint das Bild der Architektur sogar ohne den Architekten. Das Ergebnis resultiert aus der überzeugenden und [auftrags]gewinnenden Darstellung von Ideen und Entwürfen. Das *Killen* liegt schon im Vorgang: Visieren, Zielnehmen, Ins-Auge-Fassen und gefasst werden. Wer wen ins Auge nimmt, kann und soll vielleicht sogar etwas unklar bleiben. Auf der einen Seite der Betrachter, der sich so freiwillig wie möglich in das Bild hinein begibt und die ihm vorgeschlagene Rolle des Subjektes übernimmt, auf der anderen Seite Architekt und Visualisierer, die gemeinsam mit dem Bild so auf den Betrachter zielen, dass es die geplante Wirkung erzielt.

HBF Salzburg,
Blick in die Halle,
Rendering

Hübsch muss es sein …

Den Rest macht der Fachplaner.

Der Künstler lebt vom Applaus und guten Kritiken. Doch so manche Aufführung scheitert an mangelnder Zuschauerresonanz. Gute Story, gute Schauspieler, aber das Werk wird nicht wahrgenommen. Das kann vielerlei Gründe haben: Der Zuschauer versteht die Botschaft nicht, fühlt sich nicht angesprochen. Oder die Aufführung wird schlecht kommuniziert: Ankündigungen kommen zu spät, verschwinden in Fußzeilen, Plakate sind nicht inspirierend, der Veranstaltungsort ist kaum bekannt. Erfolgreiche Öffentlichkeitsarbeit des Architekten ist das genaue Gegenteil. Sie verbindet kreatives Schaffen mit professioneller, an den Unternehmenszielen orientierter Kommunikation. Zielgruppen werden systematisch und regelmäßig mit ansprechenden Informationen in Text und Bild versorgt, die *Inszenierungen* von Architektur und Architekt werden inspirierend gestaltet. Kommunikation bedeutet also Information und Animation, Interesse und Begeisterung wecken. Der englische Begriff Public Relations [PR] macht deutlich, dass Unternehmenskommunikation insbesondere auch Beziehungspflege bedeutet.

Aufgabe der Kommunikation ist es, den eigenen Platz in der Gesellschaft und auf seinen Märkten zu behaupten, um wirtschaftlichen, kulturellen und sozialen Erfolg zu sichern. Durch Übereinstimmung von Handeln und Kommunikation entsteht Glaubwürdigkeit. Öffentlichkeitsarbeit ist daher ein zentrales Werkzeug des strategischen Marketings: zur Imagebildung, Akquisition und Positionierung der Dienstleistungsmarke Architekturbüro. Der Begriff sagt es schon: Mit der Öffentlichkeit zu kommunizieren, Beziehungen zu pflegen, bedeutet Arbeit, braucht Methodik, Schlagkraft, Timing, professionelle Strukturen sowie ein Zeit- und Kostenbudget.

/Erfolgreich ist, wer verstanden wird

Von Edgar Haupt

Basis der Öffentlichkeitsarbeit ist die Unternehmensphilosophie, Ziel die erfolgreiche Akquisition zur Erreichung der angestrebten Marktstellung. Öffentlichkeitsarbeit umfasst jegliche Unternehmenskommunikation, ist strategisch konzeptioniert und gestaltet. Mit ihr werden die Qualitäten und Werte der Dienstleistungsmarke Architekturbüro [Corporate Mission] an die gewünschten Zielgruppen vermittelt. Art und Auftreten der Öffentlichkeitsarbeit sind Ausdruck der Marke, gehen einher mit dem Kommunikationsdesign. Beide sind Instrumente zur zielgerichteten Vermittlung von Markenwerten und der Imagekommunikation. Über aktive Kommunikation nimmt der Architekt Einfluss auf sein Image, kann insbesondere Defizite ausgleichen und umkehren. Öffentlichkeitsarbeit begleitet die gesamte Arbeit des Architekten, jeden Kontakt und jede Kommunikation nach innen und nach außen. Öffentlichkeitsarbeit ist auch ein Mittel zur Durchsetzung architektonischer Ziele. Für die Realisierung von Visionen und Ideen ist nicht nur eine überzeugende Visualisierung, sondern oft auch Lobbyarbeit bei Entscheidungsträgern notwendig. Um überzeugend zu sein, muss Öffentlichkeitsarbeit in jedem Fall glaubwürdig und authentisch sein, Vertrauen schaffen. Wer aktiv an der Meinungsbildung teilnimmt, wird zum kompetenten Ansprechpartner und Meinungsträger. Über seine Public Relations kann der Architekt mitunter sogar Meinungen und Entwicklungen beeinflussen, die dem Unternehmen Architektur nützlich sein können. Gute Beziehungen zur und mit der Öffentlichkeit dienen umgekehrt als eine Art *Frühwarnsystem*. Durch die Wahrnehmung aktueller Stimmungen und Trends ist der Architekt in der Lage, frühzeitig entsprechende Konsequenzen für seine strategische Ausrichtung und die Kommunikation zu ziehen.

Öffentlichkeitsarbeit architekturgerecht einsetzen

„In der Architektur hält eine Neuigkeit 50 Jahre", wird der italienische Architekt Giancarlo de Carlo zitiert. Gemeint ist, dass Architektur nicht täglich neu erfunden wird. Themen wie etwa Stadtentwicklung und Wohnqualität sind originäre Bestandteile der Architektur, haben folglich in der täglichen Arbeit und auch in der Kommunikation Beständigkeit. Anders: Es ist nicht Aufgabe, langfristig, zudem wenig erfolgreich, mit der Öffentlichkeitsarbeit vermeintliche Neuigkeiten zu produzieren oder Trends zu kreieren. Architekturgerechte Öffentlichkeitsarbeit heißt, Themen der Architektur individuell, aktuell und auch originell aufzubereiten.

Individuelle PR-Strategien entwickeln

Konzepte zur Öffentlichkeitsarbeit/Public Relations sind Teil des Businessplans [siehe Kapitel 1]. Am Anfang jeder Öffentlichkeitsarbeit stehen Fragen zur Zielbestimmung:

- ▸ Was will ich kommunizieren?
- ▸ Wen will ich erreichen?
- ▸ Wer hat Interesse an welcher Information?
- ▸ Mit welcher Maßnahme erreiche ich wen und welches Ziel?
- ▸ Welche Strukturen brauche ich?

▸ Welches Medium setze ich wie und wann ein?

▸ Welches Fremdbild habe ich, welches will ich erreichen [Imageanalyse]?

Aus den Antworten folgen die Parameter der PR-Strategie / Kommunikationskonzepte:

▸ Formulierung der Markenwerte aus dem kreativen und fachlichen Leistungsprofil

▸ Zielgruppendefinition [Teilöffentlichkeiten und Vermittlungsebenen]

▸ Aufbau von internen und externen Strukturen [Organisation, Verantwortlichkeiten, Kooperation mit Fachleuten]

▸ Erstellung eines PR-Maßnahmenplans mit mittel- und langfristigen Zeit- und Finanzbudgets

▸ Partnerdefinition in der strategischen Beratung, in der Pressearbeit, bei den Medien, Veranstaltern, Sponsoren.

Beziehungen zielgerichtet pflegen

Öffentlichkeitsarbeit findet mit mehreren Teilöffentlichkeiten bzw. auf unterschiedlichen Vermittlungsebenen statt:

▸ Inner Relations / Affairs

▸ Community Relations / Affairs

▸ Public Relations / Affairs

▸ Media Relations / Affairs

▸ Integrierte Kommunikation

Inner Relations. Zielgruppen der internen Beziehungen sind die Mitarbeiter und das berufliche Umfeld. Basis des architektonischen Schaffens sowie der Öffentlichkeitsarbeit ist das Büro als *learning organisation.* Hier werden Architektur und Strategien entwickelt und tagtäglich umgesetzt. Über die Kommunikation mit der internen Öffentlichkeit vermittelt der Architekt seine Haltung und seine Unternehmensziele an die Mitarbeiter. Die interne Kommunikation dient der Identifikation und Motivation. Informierte Mitarbeiter sind ideale und wichtige Kommunikationsträger. Sie transportieren die *Mission* des Büros bei jedem Außenkontakt.

Positionierung und Imagebildung beginnen in der Fachöffentlichkeit. Gerade aufgrund des hohen Ansehens in der Fachwelt werden Büros aufgefordert, an den immer wichtiger werdenden Einladungswettbewerben teilzunehmen. In seinem Arbeitsumfeld betreibt der Architekt passive Öffentlichkeitsarbeit. Dazu gehören das Auftreten bei Wettbewerben, Preisgerichten, die Teilnahme an Architekturpreisen, die Übernahme von Funktionen und Ämtern in berufsständischen Organisationen. Aktive Öffentlichkeitsarbeit sind hier büronahe Veranstaltungen: Büro- und Gebäudebesichtigungen, Büro- und Richtfeste, Ausstellungen und Vorträge. Diese Veranstaltungen fungieren als Bindeglied zwischen interner und externer Öffentlichkeitsarbeit. Auf den beruflichen Ebenen finden sich eine ganze Reihe nicht zu unterschätzender Multiplikatoren: frühere und aktuelle Bauherren, Fachplaner, Projektentwickler, Immobiliengesellschaften, Makler, etc. Öffentlichkeitsarbeit im Sinne strategischer Positionierung auf der beruflichen Ebene umfasst schließlich auch das fachliche und persönliche Engagement in branchenberührenden Verbänden und Vereinigungen.

Community Relations. In diesen Bereich fallen die externen Beziehungen in das regionale Umfeld des Unternehmens Architektur. Die regionale Verbundenheit kann zu einem positiven Imagefaktor ausgebaut werden.

Public Relations. PR bezeichnet die Beeinflussung der Meinungsbildung mit Hilfe der Eigen- und Fremdmedien, im Grunde die gesamte Kommunikation und Beziehungspflege.

Die Zielgruppen sind in beiden Fällen die breite Öffentlichkeit, private Organisationen, öffentliche Einrichtungen sowie Behörden, außerdem politische Entscheidungsträger auf allen Ebenen: Parteien, Gemeinderäte, Bezirksvertretungen, Regierungspräsidenten, etc.

Media Relations. Medien, von der Tageszeitung bis zum Fernsehen, haben aufgrund der großen Verbreitung und Reichweite zentralen Stellenwert in der Beziehungspflege und Öffentlichkeitsarbeit. Zielgruppe sind nicht die Medien als anonyme Institutionen, sondern einzelne Medienvertreter.

Die Bereiche und Ebenen unterscheiden, aber überschneiden sich auch. Je nach Kommunikationsziel werden Vertreter der Teilöffentlichkeiten gesondert oder gemeinsam angesprochen. Aus Gründen der Effektivität, inhaltlich wie finanziell, ist es sinnvoll, alle Maßnamen und Kommunikationsmittel aufeinander abzustimmen.

Interne Strukturen und externe Qualifikationen verknüpfen

Um erfolgreich zu sein, muss Öffentlichkeitsarbeit professionell sein. Sie muss jederzeit und kompetent ansprechbar sein, zeitnah auf Anfragen oder Ereignisse reagieren, Materialien und Kontakte anbieten – serviceorientiert als kundenfreundlicher Dienstleister agieren. Folglich sind im Architekturbüro leistungsfähige Strukturen [Stellen, betriebliche Positionen] und klare Zuständigkeiten zu schaffen.

Aufgaben Öffentlichkeitsarbeit:

▶ Aufbau und Verwaltung eines Archivs und einer Adressendatei

▶ Formulierung und Umsetzung des PR-Maßnahmenplans für Pressearbeit, Publikationen, Veranstaltungen, Präsenz in der Fachwelt und im öffentlichen Leben [Umfang, Timing und Wertigkeit von Maßnahmen und Mitteln]

▶ Zusammenstellen von Unterlagen für Bewerbungen, Fachvorträge, öffentliche Auftritte

▶ Kontakt- und Informationsstelle für alle Teilöffentlichkeiten: Kontakte knüpfen und Ansprechpartner sein, Anfragen aufnehmen und Materialien bereitstellen

▶ Zusammenarbeit mit Agenturen und Kommunikationspartnern [z.B. Pressestellen von Bauherren und Gebäudebetreibern, Bauwirtschaft]

▶ Controlling

Öffentlichkeitsarbeit als Werkzeug des strategischen Marketings ist Chefsache und damit in der Büroführung angesiedelt. Der Architekt und sein Agent: Angesichts der strategischen Bedeutung ist das in der Kunst übliche Modell auch in der Architektur sinnvoll. *Agenten*, also Marketingstrategen und Kommunikationsspezialisten, können innerhalb des Büros oder außerhalb beschäftigt sein. In jedem Fall ist eine enge Zusammenarbeit von Architekt und *Agent* notwendig. Es bieten sich verschiedene Modelle mit unterschiedlichen Leistungsprofilen an:

▶ Verknüpfung interner Zuständigkeiten mit externen Beratern und Fachleuten

▶ Zuständigkeiten und Qualifikationen im Büro

▶ Komplette Strategieberatung und Öffentlichkeitsarbeit bei einer externen Agentur

Diese Modelle lassen sich in der Praxis nicht streng voneinander trennen. So ist auch bei externer Öffentlichkeitsarbeit ein interner Ansprechpartner notwendig – explizit für die externe Öffentlichkeitsarbeit sowie Anfragen aller Art, die direkt an das Büro gerichtet werden. Außerdem fallen im Büro immer Basisarbeiten an: Materialzusammenstellung, Verwaltung und Archivierung, Information der Mitarbeiter etc. Andererseits ist es strategisch wie fachlich notwendig, für spezielle Aufgaben externe Spezialisten einzubeziehen: Kommunikationsdesigner, Journalisten, Künstler, Veranstalter.

Ein wesentliches Kriterium für die erfolgreiche Öffentlichkeitsarbeit ist die Frage der Qualitätssicherung, mit anderen Worten: Wer kann was am besten? Daraus ergeben sich alle Antworten für die Organisation im Innern wie für die Vergabe von Leistungen. Professionelle Öffentlichkeitsarbeit ist nicht zuletzt ein Kompetenzbeweis. Der Architekt positioniert sich mit einer professionellen PR als gleichwertiger und kompetenter Kommunikator gegenüber den Medien und vor allem entsprechend agierenden Bauherren/Investoren. Das betrifft insbesondere die Wahl und die Qualität der Mittel: kompetente Ansprechpartner, professionelle Bilder, leicht verständliche Texte und Medien, die stets auf dem aktuellen Stand der Technik sind.

Medien strategisch wählen und einsetzen

Dem Architekten steht eine Vielzahl unterschiedlicher Medien für die Öffentlichkeitsarbeit zur Verfügung. Das Spektrum in Eigennutzung oder in Fremdberichterstattung umfasst die Printmedien:

▶ Presse [Tagespresse, Publikumspresse wie Magazine und Feuilleton, Fachpresse]

▶ Bücher [Themenbücher, Monographien, Jahrbücher]

▶ Eigenpublikationen [Presseinformationen, Projektdokumentationen, Image-Broschüren, Werkberichte]

und elektronische Medien:

▶ Funk/Fernsehen

▶ Internet [Domain, Online-Dienste, Datenbanken]

Kriterien für Auswahl und Einsatz der Medien:

Print. Leitmedium für die Öffentlichkeitsarbeit ist das Printmedium. Nur mit Druckerzeugnissen ist in der Akquisition ein zielgerichtetes Ansprechen von potenziellen Kunden möglich. Die Wertigkeit beim Adressaten ist hoch: Man hat etwas in der Hand, man kann darin blättern, es mit nach Hause nehmen, es anderen zeigen. Art, Umfang, Gestaltung und Einsatz der Printmedien sind abhängig vom strategischen Ziel: der Botschaft und der Zielgruppe. Daher ist es notwendig, eine Publikationsstrategie zu entwickeln, die der jeweiligen Dienstleistungsmarke Architekturbüro entspricht.

Parameter Publikationsstrategie Print [Pressearbeit siehe unten]:

▶ Kurzinformation oder umfangreiche Stellungnahme [Flyer, Folder, Broschüre, Werkbericht]

▶ Verwendungsmöglichkeiten [Pressearbeit, Bewerbungen]

▶ Wertigkeit [Ausstattung, siehe Kapitel 2]

▶ Publikationsrhythmus [Aktualität, Timing, Zeit- und Kostenbudget]

▶ Möglichkeiten zur Eigenwerbung [Imagekommunikation]

▶ Zusammenarbeit mit Autoren und Agenturen [Qualifikation]

▶ Zusammenarbeit mit Verlagen [Renommee, Verbreitung]

▶ Zusammenarbeit mit Sponsoren [Reputation, Finanzierung].

Beispiel Buch: Für ein etabliertes Büro mit langjähriger Baupraxis ist das Buch ein angemessenes Mittel zur Imagepflege. Es ist auf langfristige Kommunikation ausgelegt und Ausdruck einer wohl überlegten Kommunikationsstrategie. Man kann damit Bauaufgaben und Haltungen dokumen-

tieren und/oder am Fachdiskurs teilnehmen [Monographien, Themenbücher]. Für junge Büros mit wenig Gebautem ist dagegen ein schnellerer Kommunikationsrhythmus, etwa die Teilnahme an einem Jahrbuch, angemessen. In relativ kurzen Abständen werden einzelne und aktuelle Projekte veröffentlicht; die Veröffentlichung kann zeitnah für die Akquisition genutzt werden.

Beispiel Projektdokumentation: Portfolios sind ein wichtiges Kommunikationsmittel für alle Architekten. Referenzen sind bei Bewerbungen und zur schnellen Information notwendig, zur Positionierung, also der Darstellung immaterieller Leistungsprofile und Kompetenzen sind diese jedoch nur bedingt tauglich. Es reicht nicht, zu zeigen, was der Architekt gebaut hat, sondern auch, wie er das gemacht hat, welchen Mehrwert der Kunde in der Zusammenarbeit gerade mit ihm hat. In die Publikationsstrategie gehören daher stets eigene Publikationen [Broschüren, Themenhefte, Werkberichte], in die sich Eigenwerbung im Sinne subjektiver Stellungnahmen integrieren lässt.

Internet. Das Internet dient in der Öffentlichkeitsarbeit der Erstinformation und als Kontaktstelle. Von Vorteil ist die schnelle Aktualisierbarkeit. Über das Internet vermittelt der Architekt neueste Nachrichten: Ereignisse aller Art, wie Wettbewerbsgewinne, neue Projekte, News aus dem Büro. Der Internetauftritt ist daher eine unverzichtbare Ergänzung zur Publikationsstrategie Print. Kommunikativ und wirtschaftlich effektiv sind Synergien zwischen Print- und Online-Medien. Beispiele: Gedruckte Presseinformationen und Projektdokumentationen inklusive Bildern werden auch auf der

Homepage platziert – zum Herunterladen für Journalisten und andere Interessenten. Stellenanzeigen in Zeitschriften werden auch bei Online-Diensten ausgeschrieben und auf der Domain inhaltlich vertieft. Unter strategischen Aspekten ist die Domain, also die Website unter eigenem Namen, unverzichtbar. Die Platzierung bei etablierten Online-Diensten und Datenbanken hat die Funktion eines Branchenverzeichnisses: Der Architekt erhöht seine Auffindbarkeit, zeigt Präsenz in der Branche.

Funk und Fernsehen. Öffentlichkeitsarbeit mit Radio und Fernsehen erreicht einen potenziell großen Adressatenkreis. Aufgrund der Schnelllebigkeit liegt der Fokus dieser Medien auf Aktuellem und Spektakulärem. Fernsehanstalten verfügen, wie kein anderes Medium, über präzise Erkenntnisse der Zuschauerstrukturen und ihres Verhaltens, auf die die Sendeformate zugeschnitten werden. Auftritte in Funk und Fernsehen erhöhen ohne Frage den Bekanntheitsgrad; unterstützend in der Akquisition sind vornehmlich Auftritte im Lokalfernsehen sowie in Servicesendungen.

Mit der Presse arbeiten

Pressearbeit ist die zentrale Aufgabe in der Öffentlichkeitsarbeit. Die gesamte Arbeit des Architekten, jede Publikation, jeder Auftritt in der Öffentlichkeit wird durch die Pressearbeit begleitet und unterstützt. Pressearbeit gewährleistet, dass die richtigen Informationen an die richtigen Ansprechpartner gelangen. Sie gibt Impulse und sorgt für Aufmerksamkeit bei den Medien, versorgt diese mit Informationen und Material. Aufgabe der Öffentlichkeitsarbeit ist die aktive Kommunikation: mittels Presseinformationen, Telefonaten und Einladungen Redaktionen anzusprechen, auf Ereignisse und Projekte, insbesondere deren Besonderheiten und Relevanz hinzuweisen. Zur Verfolgung eigener Kommunikationsziele darf sich Pressearbeit keineswegs auf die Beantwortung von Anfragen beschränken. Andererseits sind Anfragen eine gute Gelegenheit, bei Journalisten auch weniger bekannte Projekte ins Gespräch zu bringen. In jedem Fall sind Journalisten thematisch zu beraten. Um als Marke auch in Fremdveröffentlichungen erkennbar zu bleiben, ist darauf einzuwirken, dass nicht nur schöne Bilder gezeigt werden, sondern dass auch Konzepte und die *Handschrift* des Büros vermittelt werden. Pressearbeit nutzt ausdrücklich das ganze Spektrum der Publikationsorgane. Gezielte Imagepflege erfolgt über die Auswahl und Ansprache bevorzugter Organe.

Fragen sind also:
► Was lesen meine Zielgruppen?
► Wo will ich gesehen werden?
► Was hat die größte Beachtung?

Kriterien zur Wahl: Profil, Zielgruppen, Marktsegment, Erscheinungsweise, Verbreitung [national und international, Kioskverkauf] und damit Multiplikationseffekt. Für die gezielte Ansprache ist ein Verzeichnis ausgewählter Publikationsorgane anzulegen: mit Themenschwerpunkten, Rubriken, Ansprechpartnern und einer schriftlichen Fixierung vergangener und geplanter Kontakte, Veröffentlichungen, Absprachen.

Entscheidend für das Erreichen von Zielgruppen sind deren Lese- und Informationsgewohnheiten. Potenzielle Bauherren/Auftraggeber lesen Fachzeitschriften, um inhaltlich auf dem Laufenden zu bleiben, außerdem Neuigkeiten aus der Branche zu erfahren. Fachzeitschriften der Architekten sind jedoch nicht gleichzeitig Fachzeitschriften der Kunden. Aufgabe der Pressearbeit ist es, insbesondere bei Letzteren Veröffentlichungen anzuregen. Das kann z.B. ein Branchenorgan für den Handel oder eine Fachpublikation für Metallbau sein. Bauherren lesen aber auch Tageszeitungen und Publikumsmagazine. Diese sind daher explizit in die Pressearbeit des Architekten einzubeziehen. Damit Botschaften ankommen und auch veröffentlicht werden, müssen die Informationen so aufbereitet sein, dass sie in das jeweilige Profil bzw. in Themenschwerpunkte passen. Beispiel: Für eine Holzbauzeitschrift zählen eher konstruktive und logistische, für das Feuilleton eher städtebauliche und gesellschaftliche Aspekte ein und desselben Siedlungsprojektes. Bei überregionalen Tageszeitungen ist schließlich noch die Wahl der Rubrik zu beachten. So manches Thema eignet sich für Feuilleton, Wirtschaft und Lokales – auch dies ist eine Frage der Aufbereitung. Unter unternehmerischen Gesichtspunkten ist die Erwähnung im Lokalteil nicht zu verachten, da dieser statistisch von den meisten Lesern [und eben inklusive potenzieller Bauherren] beachtet wird.

Mediengesetzmäßigkeiten beachten

Außer bei der Fachpresse hat es der Architekt bei den Medien meist mit Nichtfachleuten in Sachen Architektur zu tun – dafür aber mit Fachleuten in Sachen Kommunikation. Journalisten wollen beraten sein in architektonischen Belangen, können aber selbst über Platzierung und Veröffentlichungszeitpunkt beraten. Im Umgang mit den Medien sind deren Gesetzmäßigkeiten zu beachten, damit das eigene Kommunikationsziel gewahrt bleibt. Publikumspresse, Funk und Fernsehen arbeiten mit Kurzinformationen, Vereinfachungen und Zuspitzungen. Gelegentliche Ungenauigkeiten sind nicht zu verhindern. Um diesen aber entgegenzuwirken, müssen Architekten klar und deutlich herausarbeiten, was sie sagen wollen, Fachjargon vermeiden und sich vor einer populären Sprache nicht scheuen.

Veranstaltungen – persönlichen Kontakt suchen

Ereignisse transportieren nicht nur Nachrichten und Meinungen, sondern schaffen zusätzlich Sympathie und Vertrauen. Mit Veranstaltungen jeder Art erreicht der Architekt hohe Aufmerksamkeit sowohl in als auch über die Teilöffentlichkeiten hinaus, explizit bei und über die Medien. Veranstaltungen sind ein probates Mittel zur Positionierung – am Markt, in der Fachwelt und der Öffentlichkeit. Veranstaltungen bieten gute Gelegenheiten zur Kontaktaufnahme mit potenziellen Bauherren. Erfolge stellen sich jedoch nicht von selbst ein, sondern beruhen auf aus dem Büro generierten Inhalten und der angemessenen Wahl der Mittel.

Parameter Veranstaltungsstrategien:

▶ Wahl der Veranstaltungsart, z.B. Podiumsdiskussion, Führung, Performance [Authentizität, Relevanz, Zielgruppenorientierung]

▶ Zeitpunkt [Abstimmung auf öffentliche und brancheninterne Zeitrhythmen wie Ferien und Messen]

▶ Ort [Akzeptanz bei und Erreichbarkeit durch die Zielgruppen]

▶ Partner, wie Veranstalter am Ort, Mitveranstalter, Sponsoren [Qualifikation und Renommee, Positionierung und Finanzierung]

▶ Wahl der Medien, wie Modelle, Zeichnungen, Animationen, Diaschau, Filme, Multimedia [Kommunikationsgewohnheiten Zielgruppen, Kompetenzbeweis]

▶ Begleitprogramm [wiederkehrende Aufmerksamkeit und Impulse, Möglichkeiten zur Kontaktaufnahme und Beziehungspflege].

Ein entscheidender Faktor für den Erfolg von Veranstaltungen ist eine umfassende Öffentlichkeitsarbeit, beginnend weit im Vorfeld, über die Präsenz bei der Veranstaltung bis zur Nachbereitung. Dazu gehören

▶ die rechtzeitige Information der Medien [Erscheinungstermin und Redaktionsschluss der Presseorgane]

▶ persönliche Einladungen und Gespräche [Medienvertreter, Entscheidungsträger aus Politik und Verwaltung]

▶ Ankündigungen auf der eigenen Website [Info-Download]

▶ Erstellung von Broschüren und Katalogen [Wertigkeit, langfristiger Nutzen für die Akquisition].

An Ereignissen in Öffentlichkeit und Branche partizipieren

Neben den selbst initiierten Veranstaltungen sind auch fremd organisierte architektonische Großereignisse ein wichtiger Baustein in der Positionierung. Diese bieten einen vielfach beachteten Rahmen für eigene Veranstaltungen unterschiedlichster Art. Strategien und Handhabung zeigen Beispiele in folgendem Kapitel.

Die Teilnahme an Messen ist Imagepflege und Akquisition zugleich. Je nach Zielgruppe und Akquisitionsstrategie bieten sich regionale und internationale Baumessen oder Immobilienmessen wie die *EXPOREAL* in München und die *MIPIM* in Cannes an.

Strategien und Umsetzung kontrollieren

Die Effektivität der Öffentlichkeitsarbeit beruht auf Timing und Schnelligkeit, Glaubwürdigkeit und Kompetenz. Timing verlangt Aktualität: des Projektes selbst, im Kontext des allgemeinen Tagesgeschehens und in der fachlichen Diskussion sowie im Rhythmus der Medien. Gezielte und qualitätvolle Präsenz schafft dabei Aufmerksamkeit, Anerkennung und Berücksichtigung. Der Erfolg von Öffentlichkeitsarbeit ist jedoch in der Regel nicht 1:1 messbar. Öffentlichkeitsarbeit/Public Relations setzen auf Dauerhaftigkeit. Veröffentlichungen und Veranstaltungen bleiben in Erinnerung, wirken sich oft erst in größeren Zeitabständen aus. Dennoch ist eine regelmäßige Erfolgskontrolle anhand der gesteckten Kommunikationsziele notwendig. Die üblichen Methoden zur Erfolgs- und Wirkungskontrolle wie Markt- und

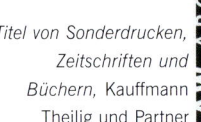

Titel von Sonderdrucken, Zeitschriften und Büchern, Kauffmann Theilig und Partner

Meinungsforschung sind für das Architekturbüro meist zu aufwändig. Sinnvoll sind allerdings Medienresonanzanalysen und kleinere Feed-back-Schleifen von Einzelmaßnahmen.

Medienresonanzanalysen in der Pressearbeit umfassen:

► Dokumentation der gesamten Berichterstattung über das Büro [Umfang, Tenor; Berichterstattung auf Anfrage oder auf Anregung]

► Vergleich mit der Medienpräsenz und den daraus ablesbaren Strategien von Kollegen, die eine ähnliche Positionierung anstreben [Qualitäten und Defizite]

► Orientierung an Ranking-Listen. Die Platzierungen erfolgen aus der absoluten Zahl der Erwähnungen in den Fachmedien. Eine inhaltliche Beurteilung ist damit allerdings kaum möglich.

In der Bilanzierung von Veranstaltungen zählen Besucherzahlen, Anzahl und Qualitäten der Kontakte, Resonanzen in den Medien und bei Besuchern. Veranstaltungen bieten Anknüpfungspunkte für die weitere Akquisition. Die Kontakte sind daher systematisch zu dokumentieren und zu bewerten. Das eigentliche Maß sind die Umsatzzahlen. Denn die Erhöhung des Umsatzes, der wirtschaftliche Erfolg und die Erreichung einer bestimmten Marktstellung sind ja die expliziten Ziele des strategischen Marketings und der Unternehmenskommunikation.

Strategie der Öffnung

Kauffmann Theilig & Partner, Ostfildern [D]

„Ein Büro mit 50 Mitarbeitern braucht Aufträge. Es gibt unterschiedliche Methoden, diese Aufträge zu erreichen. Dies geschieht entweder durch persönliche Beziehungen jedweder Art oder durch erfolgreiche Wettbewerbstätigkeit. Beides ist so, wie wir es praktizieren, nicht ausreichend, um das Büro zu ernähren. Wir leben von den Häusern, die wir gebaut haben und die erfolgreich veröffentlicht werden. Unsere Architektur ist komplex und prozessorientiert. Wir sind darauf angewiesen, dass dieser Prozess am Beispiel eines erfolgreich abgewickelten Projektes kommuniziert wird. Das heißt, unsere Akquisitionsebene ist eigentlich die Veröffentlichung". [Andreas Theilig]

Positionierung am Architekturmarkt. Als Schüler von Günther Behnisch kultivieren Dieter Ben Kauffmann und Andreas Theilig eine expressive Architektursprache, die im Baustoff Glas besonderen Ausdruck findet. Dies und ihr *Motiv der Verblüffung*, nämlich mit Gebäuden seriöse, aber noch nicht dagewesene Bilder zu produzieren, verhalf ihnen zu einer deutlichen Positionierung in der Architekturszene. Neben dem Hochbau engagieren sich Kauffmann Theilig & Partner [KTP] auch in der Messearchitektur. Die Arbeit für und mit bekannten Marken, wie Kodak, o.tel.o und die Mercedes Benz AG bzw. DaimlerChrysler, ermöglicht zusätzlich eine Positionierung in anspruchsvollen Kundenkreisen. Der Erfolg ihrer Architektur basiert nach Meinung der Gründungspartner keineswegs auf einem Trend oder einem

| Public Relations

Baustoff. Mit Glas zu bauen heißt für KTP technologische Fähigkeiten einzusetzen und weiterzuentwickeln, Forschungs- und Entwicklungsarbeit zu betreiben. Auch in Zukunft setzen sie auf ihr programmatisches Architekturverständnis. Die Ausweitung der Tätigkeiten von KTP nach China bestätigt diese Haltung: Nach ihrer Erfahrung sind dort gerade ihre konzeptionellen und komplexen Architekturansätze Bausteine des Erfolges, werden in chinesischen Publikationen als Markenzeichen kommuniziert.

Unternehmenskommunikation. Öffentlichkeitsarbeit bei Kauffmann Theilig & Partner war früher zu einem großen Teil Reaktion auf Anfragen der Fachpresse. Nahezu jedes Projekt ist mindestens einmal veröffentlicht worden. Der Bekanntheitsgrad von Kauffmann Theilig & Partner beruht im Wesentlichen auf der umfangreichen Berichterstattung durch die nationale und internationale Fachpresse. Die expressive Architektursprache sorgt für Aufmerksamkeit, birgt jedoch auch die Gefahr der Reduktion auf das Bild oder auf ein Thema wie die Glasarchitektur in sich. Kauffmann Theilig & Partner sehen daher für die langfristig erfolgreiche Akquisition eine Notwendigkeit in der gezielten Vermittlung all ihrer Kompetenzen, vom Entwurf bis zum wirtschaftlichen Bauen. Gerade das Engagement in China sorgt wegen seiner Ungewöhnlichkeit für eine hohe Aufmerksamkeit in hiesigen Medien und bei hiesigen Bauherren.

PR-Strategien und Maßnahmen:

► Entwicklung einer schriftlich fixierten PR-Strategie in Partnergesprächen

► Einsatz der vielfältigen Veröffentlichungen in Form von Sonderdrucken für die eigene Öffentlichkeitsarbeit und Akquisition – Werben mit den eigenen Leistungen und dem Renommee der Publikationsorgane

► Erstellung von Projektbroschüren, auch in mehreren Sprachen, wie bei der internationalen Mercedes A-Tour 1997

► Begleiten der Ausstellungstourneen von Mercedes durch eigene Mailings an private und öffentliche Entscheider mit Responsemöglichkeit für Gespräche anlässlich der Ausstellung vor Ort

► Einrichtung einer Website als Anregung zum fachlichen Diskurs

► Erstellung eines Grundlagenbuches über Theorie und Praxis der büroeigenen Architekturhaltung

► Inhaltliche und kommunikative Qualitätssicherung nach außen und innen, durch

- Einrichtung einer Stelle für die Unternehmenskommunikation
- Konzeption und Erstellung der Kommunikationsmittel mit renommierten Journalisten und Kommunikationsagenturen.

Kauffmann Theilig & Partner sind von der ursprünglich passiven Öffentlichkeitsarbeit [Reaktion auf Anfragen, diffuses Erscheinungsbild als Büro] zu einer aktiven Unternehmenskommunikation übergegangen. Veröffentlichungen in der Fachpresse spielen immer noch eine wichtige Rolle; eigene Publikationen gewinnen an Bedeutung. Erste Schritte sind getan, weitere sind noch notwendig zur Ausbildung und Vermittlung einer konsequenten Marke KTP, insbesondere im Corporate Design.

Strategie der Qualität und Präsenz

Gewers Kühn und Kühn Architekten [D]

„Wir haben uns 1991 sehr jung in Berlin selbstständig gemacht, nachdem wir alle drei im Ausland gearbeitet hatten. Da wir weder Kontakte noch Lobby hatten, mussten wir Wege finden, um mit unserer Leistung zu werben: Wettbewerbe, Veröffentlichungen, Ausstellungen und Messeauftritte." [Swantje Kühn]

Positionierung am Architekturmarkt. Architektur und Design auf höchstem Niveau, Umsetzung technisch fortschrittlicher Gebäudekonzepte, prozesshaftes Arbeiten und kommunikative Gestaltung von Orten – dies sind die erklärten Kernkompetenzen von Georg Gewers, Swantje und Oliver Kühn. Sie sind dabei nicht auf Bauaufgaben, aber auf Qualität festgelegt. Projekte sollen immer etwas Besonderes oder Neues aufweisen. Daher wird im Büro viel Entwicklungsarbeit geleistet, sei es im Bereich Baustoffe oder in der Lichttechnik, wie etwa interaktive Licht- und Farbmodulationen. Zum Kundenkreis gehören Unternehmen wie DaimlerChrysler Aerospace, Audi, Großbanken, die Deutsche Bahn AG und verschiedene Kulturinstitutionen. Um Nischenanbieter in dem hoch qualitativen Segment bleiben zu können, soll die Mitarbeiterzahl auf dem heutigen Stand von 35 gehalten werden.

Unternehmenskommunikation. Akquisition basiert bei Gewers Kühn und Kühn auf einer klaren Strategie aus Marktbeobachtung sowie Analysen von Unternehmenskulturen und Personenstrukturen. Es geht darum herauszufinden, welche potenziellen Kunden etwa innovativ agieren, welche be-sondere kommunikative Konzepte verfolgen. Kontaktaufnahmen und Bewerbungen folgen dabei dem Prinzip des Angebots: dort hingehen, wo sich Bauherren und Investoren bewegen, das eigene Leistungsprofil darstellen, Bekanntheit schaffen, Leute kennen lernen, Möglichkeiten bieten. Die Teilnahme beispielsweise an Messen ist für Gewers Kühn und Kühn auch eine Frage der Effektivität. Ein Messeauftritt kostet nicht mehr als ein Wettbewerb, bringt jedoch höhere Aufmerksamkeit und eine Vielzahl an persönlichen Kontakten. Public Relations bedeutet für die Architekten schließlich eigenes Engagement. „Wir leisten uns jedes Jahr ein Projekt, mit dem wir an gesellschaftlich relevanten Diskussionen teilnehmen" [Oliver Kühn]. So hat das Büro mit dem Team der Zeitgenössischen Oper Berlin kostenfrei einen spektakulären Entwurf für ein *Zentrum für zeitgenössische Oper und Musik* entwickelt. Das Projekt hat eine kulturpolitische Debatte initiiert – und als willkommener Rückkopplungseffekt der Oper und dem Architekturbüro bundesweite Publicity gebracht.

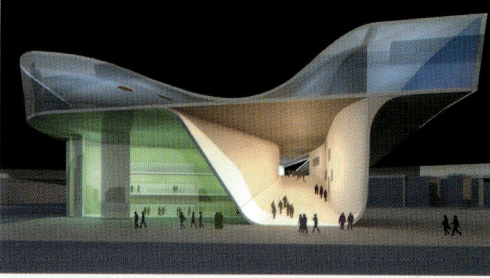

Offenes Haus mit begehbarem Dach: das Projekt von Gewers Kühn & Kühn im Modell. (Bild pd)

Solitär oder Insel?
Baupläne der Berliner «Zeitgenössischen Oper»

Drei Opernhäuser hat Berlin – und damit nicht immer nur Freude. Nun soll ein viertes hinzukommen. Ein ganz besonderes. So jedenfalls wünscht es sich die «Zeitgenössische Oper», eine Gruppe junger Enthusiasten, die sich vor vier Jahren konstituierte und deren Vorsatz es ist, nur Musiktheaterwerke aufzuführen, die nach 1945 entstanden sind. Begonnen hatten sie einst mit Henze und Kagel. Ihre letzte Produktion galt Adriana Hölszky und deren Musiktheater ohne Theater «Tragödia – der unsichtbare Raum», einem Werk nach der Art von Wagners unsichtbarem Theater, bei dessen Erklingen der Hörer selber «dramatische Situationen» imaginieren soll und das von der Gruppe als eine Art Wachtraum-Theater auf Liegen im abgedunkelten Raum auf der Bühne des Hebbel-Theaters aufgeführt wurde.

Mit diesem musste die Truppe bisher vorlieb nehmen, einem in der Tat für modernes Musiktheater nicht gerade geeigneten Raum. Das Modell, das sich jetzt für ihr neues «Zentrum» hat entwerfen lassen, stammt von dem Architekturbüro Gewers Kühn & Kühn, das den Bertelsmann-Pavillon für die Expo entwarf und den soeben begonnenen Bau des Probengebäudes für die Bayerische Staatsoper.

Bei einer Pressekonferenz und anschliessender öffentlicher Diskussion stellten sie es jetzt vor. Der Aufführungssaal ist als Raum im Raum angelegt, multifunktional nutzbar. Blick- oder Hörrichtung sind nicht festgelegt. Das Orchester kann, wie Stockhausen es etwa forderte, unter der Zuschauertribüne spielen oder in der «äusseren Hülle» über der Spielfläche. Werkstattbühne, Mediathek, Räume für Klanginstallationen und Forschungslabors sollen das Angebot abrunden.

Als Ort hat man ein Bahngrundstück ausgewählt nahe dem Lehrter Bahnhof, wo dereinst das europäische Eisenbahnkreuz der Menschenströme aus Ost und West, Nord und Süd kanalisieren soll, wo aber auch das Regierungsviertel und der zum Museum umfunktionierte Hamburger Bahnhof Schnittflächen bieten und wo einst Otto Klemperers Kroll-Oper der Avantgarde der zwanziger Jahre den Weg bahnte. Das Haus mit seinem begehbaren geschwungenen Dach haben die Architekten – analog der Stuttgarter Staatsgalerie – so entworfen, dass man ohne Ticket das Gebäude durchschreiten, aber auch teilhaben kann an Aufführungen im Inneren.

Über Finanzen schweigt man sich vorerst aus. Man will den Boden sondieren für den Bedarf. Aber 50 bis 75 Millionen Euro für den Bau dieses «Solitärs mit Symbolcharakter», so der Sprecher der «Zeitgenössischen Oper», Andreas Rocholl, und mindestens 10 Millionen Euro für den Be-

trieb mit Gastspielen der wichtigsten europäischen Ensembles und neuen Musik und Eigenproduktionen wird man wohl anpeilen müssen. Kulturstaatsminister Julian Nida-Rümelin habe wohlwollendes Interesse bekundet. Er braucht «Software» für seine voraussichtlich Ende Dezember startende Bundeskulturstiftung. Im Staatssekretär Knut Nevermann allerdings dämpft die Erwartungen. Der Bund könne hier nicht initiativ werden, es bedürfe der Kommune oder eines Landes als Träger. Und warum solle man die etablierten Musiktheaterinstitutionen aus ihrer Verantwortung auch für die Zeitgenössische entlassen mit einer solchen «Insellösung»?

Auf einen Paradigmenwechsel hofft der Architekt Oliver Kühn, sowohl was die Finanzierung anlangt wie auch das Raumkonzept; als verkleinerte Mischung aus IRCAM und Cité de la musique darf sich das Ganze wohl denken. Man müsse für die zeitgenössische Musik und das zeitgenössische Musiktheater offene Räume der Entfaltung wie den Museen der Moderne schaffen. Und man müsse nicht immer nur nach dem Staat fragen, sondern privates Engagement stimulieren, siehe Fondation Beyeler. Knut Nevermann war sich darin auch sicher: Drei Voraussetzungen brauche es hier zum Erfolg: eine faszinierende Idee, eine Gestalt, die neu ist und überzeugt, und eine Gruppe «engagierter Idioten», die mit Herz und Verstand sich für etwas einsetzten. Das alles sei hier der Fall.

Georg-Friedrich Kühn

Künstler der Samen
Nils-Aslak Valkeapää gestorben

A. Kl. Überraschend ist am 26. November in Helsinki der samische (lappische) Multikünstler Nils-Aslak Valkeapää gestorben. Valkeapää, der 1943 in eine Rentierzüchterfamilie in Nordfinnland geboren wurde, machte sich zunächst als Schriftsteller einen Namen. Sein Bild- und Gedichtband «Die Sonne – mein Vater» wurde 1991 mit dem wichtigsten skandinavischen Literaturpreis, dem Preis des Nordischen Rates, ausgezeichnet. Valkeapää arbeitete aber auch als Komponist, Skulpteur, Zeichner, Maler und Photograph. Er war ein Vertreter des «Joiking», einer speziellen samischen Form des Gesangs. Valkeapää verknüpfte in seinem Werk samische Traditionen in Form, Farbe und Symbolik mit modernen Ausdrucksmitteln. Er galt als bedeutendster Künstler der Samen. Sein Schaffen fand zunehmend internationale Beachtung. Er starb auf der Rückreise von einem Poesiefestival in Japan.

---

82 _ 83

Artikel über die Zeitgenössische Oper, Berlin, im Feuilleton der Neuen Zürcher Zeitung

PR-Strategie und Maßnahmen:

▸ Einrichtung einer Vollzeitstelle für Marketing und Kommunikation

▸ Marktanalysen mit Informationsarchivierung

▸ Pressearbeit mit Fokus auf Feuilleton und Trendzeitschriften in Technik und Business

▸ Stände auf Investoren- und Immobilienmessen wie *MIPIM*, Cannes und *EXPOREAL*, München

▸ Besuch von Messen, die für Kunden wichtig sind, wie IT-, Auto- und Kunstmessen

▸ Kulturförderung [Sponsoring]

▸ Buchpublikationen

▸ Konfektionierte Imagebroschüren und CD-ROMs, abgestimmt auf Zielgruppen, gemeinsam mit der Bauwirtschaft, mit Kulturschaffenden

▸ Einrichtung einer Website.

Sich einmischen heißt für Gewers Kühn und Kühn beteiligt zu sein und sich beteiligen. Denn Architekten werden nicht gesucht, sondern gefunden. Authentizität steht für sie an erster Stelle, um Qualität durchsetzen zu können. Die Positionierung ist also definiert, zur Sicherung und Pflege der Marke ist eine stringente Dienstleistungskompetenz notwendig.

Strategie der Professionalisierung

sam architekten und partner ag, Zürich [CH]

Die Wurzeln von sam architekten, Schnebli Ammann Menz, reichen bis in die 50er-Jahre. Die Aktiengesellschaft beschäftigt heute 54 Mitarbeiter in ihrem Hauptsitz in Zürich sowie den Niederlassungen in Verscio, Neggio und Lausanne [alle CH] .

Positionierung am Architekturmarkt. sam architekten arbeiten bewusst auf nahezu allen Architekturfeldern: vom Wohnungsbau über Büro- und Gewerbebauten bis zu öffentlichen Bauten und Spitälern. Der Schwerpunkt ihrer Arbeit liegt in der Schweiz; auch internationale Bauaufgaben gehören zum Tätigkeitsspektrum. Sie definieren sich selbst als *eine Denkschule der permanenten Weiterbildung*, mit einem ganzheitlichen Selbstverständnis zwischen Theorie und Praxis.

Unternehmenskommunikation. sam architekten betreiben klassische Akquisition über eine rege Beteiligung an Wettbewerben. Gerade die Wohnungsbauten der schweizerischen Baugenossenschaften werden vornehmlich über Wettbewerbe ausgeschrieben. Für die Positionierung in einem *höheren Segment*, bei professionellen privaten Bauherren und Projektentwicklern, betreiben sam architekten gezielte Kommunikation und Akquisition. „Wichtig ist für uns eine hohe und auch kultivierte Publizität. Die Erwähnung im Feuilleton wichtiger Tageszeitungen und in ausgesuchter, renommierter Fachpresse gibt unseren aktuellen und potenziellen Bauherren Sicherheit – die Bestätigung, gut bei uns aufgehoben zu sein" [Sacha Menz].

PR-Strategie und Maßnahmen

▶ Erarbeitung eines Konzeptes für Pressearbeit und Public Relations mit einer externen Agentur inklusive Bereitstellung eines Startbudgets

▶ Etablierung der Pressearbeit durch die Agentur

▶ Einrichtung einer internen Vollstelle, Aufgabenbereiche: Koordination im Büro, Aufbau Archiv, Dokumentation, Bewerbungen, Vorträge, ebenfalls Pressekontakte

▶ Systematische Projektdokumentation durch professionelle Fotografen

▶ Erstellen einer Pressemappe mit Informationen zum Büro, Biografien der Teilhaber und Referenzen als Basiselement

▶ Produktion einer CD-ROM zur Präsentation bei Bauherren

▶ Installation einer Website

▶ Projektevents: Einladungen zur Besichtigung von neuen Bauten.

sam architekten haben 2001 mit der Professionalisierung ihrer Unternehmenskommunikation begonnen, seitdem erste und gute Erfahrungen machen können. Die Bemühungen der Agentur haben in einem Jahr zu 14 Publikationen in internationalen Zeitschriften geführt, davon drei Projektberichte in der renommierten Neuen Zürcher Zeitung. Die positive Resonanz der beteiligten Bauherren wie auch die auf die Veröffentlichungen folgenden Anfragen bestätigen die eingeschlagene Strategie. Auch die Besichtigungen vor Ort mit Medienvertretern und Projektentwicklern zeigen Erfolge: „Der ein oder andere Studienauftrag bleibt dabei hängen" [Sacha Menz]. Und über die Homepage fanden eine Reihe qualifizierter Bewerber unaufgefordert zum Büro.

56

57

Swiss Re Verwaltungsgebäude Soodring, Adliswil:

Spar-s.a.m.

sam. Schnebli Ammann Menz, Schweizer Architekten mit Hauptsitz in Zürich, errichteten für die Swiss Re in Adliswil ein Verwaltungsgebäude im so genannten MINERGIE-Standard. Architektur, Komfort und Energieleitbild, das der Bauherr für seine Bauten vorschreibt, fügen sich stimmig zu einem Verwaltungsgebäude, das zudem eine städtebauliche Neuordnung seiner Umgebung einleiten soll. FD

Zwischen Straße und Bahngeleisen gelegen, schafft der Büroriegel die räumliche Trennung zwischen Verkehrsfluss und Wohnbebauung im Osten

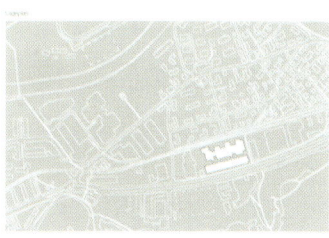

MINERGIE-Standard Seite 62

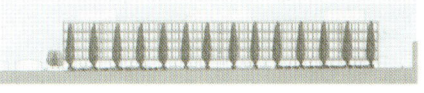

/Strategische Imagepflege

Von Dr. Jan Esche

Am Beispiel des Themen-Kaufhauses *SEVENS* werden die Strukturen und die Handhabung der Öffentlichkeitsarbeit im Hause RKW Rhode Kellermann Wawrowsky Architektur + Städtebau, Düsseldorf, dargestellt.

1950 gegründet, beschäftigt das Büro nahezu 400 Mitarbeiter an fünf Standorten in Düsseldorf, Berlin, Frankfurt am Main, Leipzig und Warschau. Im internationalen Vergleich gehört RKW Rhode Kellermann Wawrowsky Architektur + Städtebau mit einem Spektrum von Handelsbauten, Büro- und Verwaltungsbauten, Hochhausprojekten im In- und Ausland, Verkehrs- und Wohnungsbauten bis hin zu städtebaulichen Planungen und Landschaftsplanung sowie Produktentwicklung, Produktdesign und Generalplanung zu den – nach unserer Meinung – erfolgreichsten deutschen Architekturbüros. Diese Position gilt es zu halten und auszubauen: über Bauprojekte und über Öffentlichkeitsarbeit. Insbesondere ist es Strategie, Defizite im Image positiv auszufüllen und damit unsere Positionierung in allen Tätigkeitsbereichen zu stärken.

PR-Bereiche und Beziehungspflege

Aufgaben der Marketing-Abteilung mit vier Mitarbeitern sind:

▶ Information und Kommunikation intern und extern
▶ Pflege und Weiterentwicklung des Branding / Markenbildung
▶ Pflege und Weiterentwicklung der Corporate Identity
▶ Pflege und Weiterentwicklung des Mission Statement

Unsere Public Relations beruhen auf einem umfassenden Informations- und Kommunikationsaustausch. Als PR-Formen unterscheiden wir hier Unternehmens-PR, Projekt-PR, Personal-PR und Social-PR. Die PR-Instrumente liegen in der Pressearbeit, in Aktionen und Events, Informationsmitteln und Direktkontakten. Zentrale Aufgabe ist es, ein dauerhaftes Vertrauensverhältnis mit den internen und externen Öffentlichkeiten zu sichern. Dies kann nur gelingen, wenn wir die entsprechenden Informationen glaubhaft kommunizieren. Die Effektivität der Öffentlichkeitsarbeit beruht insbesondere auf dem richtigen *Timing*. Daher verfolgen wir eine zielgerichtete Pressearbeit und abgestufte Publikationsstrategien: von Werkberichten und Themenheften über Jahresrückblicke bis zu Broschüren, Faltblättern und Charts zu besonderen Ereignissen. Über eigene Veranstaltungen knüpfen wir ein Netz von Ansprechpartnern für das Unternehmen:

▶ Bürobesichtigungen
▶ Jubiläen
▶ Tage der offenen Tür
▶ Bürofeste
▶ Ausstellungen
▶ Vorträge
▶ Akademien

Internal Relations

Öffentlichkeitsarbeit spielt sich explizit im eigenen Hause ab. Themen-, projekt- und ergebnisbezogene Ausstellungen über unsere Tätigkeiten sorgen für die fachliche und motivierende Information der Mitarbeiter. Die Ausstellungen kommunizieren Ergebnisse und geben Anregungen für die Weiterentwicklung der Entwurfsarbeit und Gestaltfindung. Zusätzlich finden so genannte *Mittwochsgespräche* statt: Vorträge und Diskussionsveranstaltungen, die Einblicke in die jeweiligen Projektarbeiten geben. Werkvorträge zu Projekten, Verfahren und Arbeitsweisen ergänzen das Informationsspektrum. Dazu gehört auch unsere regelmäßige *RKW-Akademie*, eine Art Fortbildungsangebot mit Beiträgen externer Fachplaner zu Architektur und Städtebau. Eine Wandzeitung als zentrale Plattform unterstützt den hauseigenen Meinungsaustausch.

Gezielte Imagekommunikation

Seit seiner Gründung gehört das Büro zu den Protagonisten im Kaufhausbau und der Gestaltung von Einkaufs- und Erlebniszentren. Es hat sich um die Perfektionierung der überholten Nachkriegswarenhäuser verdient gemacht, zugleich ist es zum prominentesten Gestalter der neuen Kaufwelten in den Einkaufs- und Erlebniszentren der Vor- und Innenstädte geworden. Das Image der Handelsarchitektur ist in der Fachöffentlichkeit zwiespältig – nicht nur nach unserer Ansicht unbegründet. Das beweisen wir zunächst durch unsere Architektur. Aufgabe und Strategie unserer Öffent-lichkeitsarbeit ist es, die Qualitäten dieser Architektur außerdem fachlich und glaubwürdig zu vermitteln, Defizite an Information auszugleichen.

PR-Maßnahmen und Erfolgsbilanz am Fallbeispiel *SEVENS*, einem neuartigen Themenkaufhaus in der Düsseldorfer Königsallee. Die Öffentlichkeitsarbeit umfasste auch hier eigene Publikationen, außerdem die Implementierung des Projekts in der breiten und fachlichen Öffentlichkeit:

▶ Fototermine und Presseeinladungen zu Richtfest und Einweihung

▶ Hervorhebung des Projekts in einem Themenheft zur Architektur des Handels

▶ Prominente Platzierung im jährlichen Werkbericht

▶ Präsentation des Projekts auf der *MIPIM* in Cannes

▶ Nachbereitung und Aufarbeitung der *MIPIM*-Auszeichnung mit Broschüre, Leporello und Charts

▶ Unterstützung der *automatisch* folgenden Berichterstattung in den Medien, insbesondere der Fach- und Publikumszeitschriften.

Gerade nach medienwirksamen Ereignissen, wie Preisverleihungen, ist mit einer breiten Publikation von Projekten zu rechnen. Wir haben allerdings nicht darauf gewartet, sondern schon im Vorfeld das Projekt in Zusammenarbeit mit den Öffentlichkeitsstellen des Bauherren und des Betreibers ins Gespräch gebracht, das öffentliche Interesse ab dem Richtfest gezielt geweckt. Die Veröffentlichungen wurden von uns gefördert und fachlich unterstützt: durch zeitlich auf die Ereignisse abgestimmte Presseinformationen, Fotos und Ortstermine.

Unserem strategischen Ziel, Defizite im Image der Handelsarchitektur auszugleichen, ja umzukehren, sind wir ein gutes Stück nahegekommen. Wir haben eine anerkennende und fachlich fundierte Berichterstattung in zahlreichen lokalen, regionalen und überregionalen Medien, Fernsehen und Presse, initiiert bzw. unterstützt: von der Rubrik *Lokales* bis zu Wirtschaftsressort und Feuilleton. Wir haben damit eine Leser- und Zuschauerschaft von potenziell mehreren 100.000 erreicht, das Fachpublikum, interessierte Laien und die breite Öffentlichkeit. Die *gute Presse* fand außerdem im Handel selbst, also bei aktuellen wie potenziellen Bauherren, Investoren und Betreibern positive Resonanz. Die Öffentlichkeitsarbeit unterstützte damit indirekt die Akquisition, sie ist ein Stück messbare Beziehungspflege.

RKW beteiligt sich auch an inhaltlicher Arbeit mit dem Handel. Wir bringen unsere Erfahrungen in der Weiterentwicklung des großstädtischen Kaufhauses konsequent in die Konzeptionen neuer Warenpräsentationen oder Gebäudeplanungen ein. So engagieren wir uns im German Council of Shopping Centers, dem Who-is-Who der deutschen Handels- und Immobilienwirtschaft. Auf dessen Architektur-Foren werden regelmäßig Möglichkeiten zur Wiederbelebung urbaner Strukturen diskutiert. Das Engagement und die Kontakte sind genauso Teil der Öffentlichkeitsarbeit wie der Akquisition.

Öffentlichkeitsarbeit im Hause RKW ist langfristig angelegt. Sie versteht sich als ein dreidimensionales, ein *virtuelles Spiel* mit einem möglichst intensiven, persönlichen und belastbaren Vertrauensverhältnis zu allen *Mitspielern*. Indem unsere Öffentlichkeitsarbeit auf Wissen basiert, auf einem funktionierenden Archiv und einer aktuellen Adressendatei, ist sie das agierende und reagierende *Gedächtnis* des Architekturbüros: zu allen Teams, zu allen Hierarchien und zum Faktor Zeit.

Architektur-Oscar für Düsseldorf

IMMOBILIEN-OSCAR

SEVENS, Düsseldorf RKW

Feier: 20.03.2001,
17.00 Uhr, Foyer

Das Sevens räumte in Cannes ab

Die Bestnote für „Sevens"

Shopping-Center an der Kö wurde gestern in Cannes ausgezeichnet

Eigen- und Presseveröffentlichungen
SEVENS, RKW Rhode Kellermann
Wawrowsky Architektur + Städtebau

Der Bauherr denkt: Ist doch ganz einfach …

Kabarett auf der Verkehrsinsel, Häuser mitten auf dem Marktplatz, Feiern in der Fabrik, Modellstädte im Getreidespeicher – ungewohnte und unerwartete Begegnungen bieten nachhaltig beeindruckende Möglichkeiten zum Kennenlernen, lösen Konventionen, schaffen neue Erkenntnisse. Kommunikation und Anerkennung waren und sind die Schlüssel zu einem erfolgreichen Zusammenleben. Dies trifft auch zu für Architekten und ihre [Geschäfts-]Beziehungen zu anderen Bevölkerungsgruppen. Man ist sich viel näher, als man denkt. Architekten verlassen durch das Ereignis Architektur die Anonymität des Gebauten. Die Wahrnehmung jenseits der Alltagserfahrung bietet besondere Chancen: Hemmschwellen, mit Architekten in Kontakt zu treten und umgekehrt, werden herabgesetzt, mögliche Vorurteile können abgebaut werden. Deshalb sind Ereignisse ein wichtiges Instrument, Architektenleistungen zu einem öffentlich positiv besetzten Thema zu etablieren – und damit auch die Rolle des Architekten zu stärken. Ereignisse wirken nicht durch sich allein. Der Erfolg beruht auf einer dem Event und der jeweiligen Dienstleistungsmarke gerechten Veranstaltungsstrategie. Dazu gehört insbesondere die Begleitung durch aktive Kommunikation: PR-Maßnahmen, die der Positionierung und der Imagebildung dienen.

/Ereignis Architektur

Von Edgar Haupt

Aktionen unterschiedlichster Art bieten viel beachtete und wirkungsvolle Möglichkeiten, das kreative und fachliche Leistungsprofil eines Architekturbüros darzustellen. Dies kann der Architekt durch eigene, vom Büro getragene Veranstaltungen erreichen. Noch besser gelingt dies über die Teilnahme an Großveranstaltungen: gemeinsam mit Kollegen, der Kammer und Berufsverbänden, mit privaten Firmen, kulturellen Einrichtungen und öffentlichen Institutionen. Diesen Ereignissen ist gemeinsam, dass sie fremd organisiert und in einem definierten Zusammenhang stehen. Ein Auftritt bei bereits etablierten und renommierten Veranstaltungen bietet eine Reihe von Vorteilen für die eigene Positionierung und Imagebildung:

▸ Das Engagement im Verbund mit Sympathie- und Meinungsträgern stärkt das Renommee des Architekten.

▸ Das gemeinschaftliche Auftreten bringt einen Aufmerksamkeitsgrad und eine Medienresonanz, die der Einzelne alleine kaum erzielen könnte.

▸ In der Zusammenarbeit mit etablierten Partnern ergeben sich für den Architekten Kooperationsmöglichkeiten, die im Berufsalltag schwer oder nicht zu erreichen wären.

▸ Über öffentliche Ereignisse werden unterschiedliche Zielgruppen gleichzeitig erreicht.

Gemeinsam auftreten, einzeln agieren

Großveranstaltungen unterstützen das eigene Marketing, wenn diese ausreichend Spielräume für den Einzelnen lassen und gewährleistet ist, dass dieser auch wahrgenommen wird. Vor der Entscheidung zur Teilnahme stehen die Fragen: Was habe ich davon? Sind meine Interessen gewahrt? Außerdem sind auch bei fremd organisierten Ereignissen die Parameter der eigenen Veranstaltungsstrategie anzuwenden [siehe Kapitel 4]: Veranstaltungsart, Zeitpunkt, Ort, Partner, Budget, Wahl der Medien, Öffentlichkeitsarbeit.

Grundlage eines jeden Auftretens in der Öffentlichkeit sind die auf die Marketingziele abgestimmten Inhalte und Präsentationsformen. Events benötigen ein Zeit- und Geldbudget; deshalb empfiehlt sich gerade bei Großveranstaltungen die Kooperation mit Partnern. Partner sind jedoch nicht nur zur Finanzierung da; Partner wird der Architekt nur finden, wenn diese einen genauso großen Nutzen von dem Ereignis haben wie er selbst.

Erfolgskriterien:

▸ sachliche und begeisternde Darstellung des individuellen Dienstleistungs- und Leistungsprofils

▸ Dokumentation der Kommunikationsfähigkeit durch eine ansprechende und technisch adäquate Wahl der Medien

▸ Gestaltung von Architektur und Architekt als Erlebnis

▸ Zusammentreffen mit den Zielgruppen auf einer gemeinsamen Ebene

Logo Tag der Architektur,
Architektenkammer
Nordrhein-Westfalen

▸ Gelegenheit nutzen für *Unerwartetes* und für Aktionen, die die Grenzen herkömmlicher Auftritte sprengen.

Events aktiv und nachhaltig kommunizieren

Ein wesentlicher Vorteil von Großveranstaltungen ist die damit verknüpfte PR durch den Veranstalter und die Kooperation mit Medienpartnern [Tagespresse, Fachzeitschriften, Online-Dienste]. Dennoch ist es wichtig und notwendig, dass der Architekt auch sein Auftreten aktiv kommuniziert: vorher, während und nach dem Ereignis.

Aufgaben der eigenen Öffentlichkeitsarbeit:

▸ öffentliche Medien ausreichend mit Informationen versorgen, die die eigenen Intentionen klar und eindeutig darstellen *[O-Töne]*

▸ persönliche Einladung der Medienvertreter sowie anderer Multiplikatoren [Bauherren, Bauwirtschaft, Politiker etc.]

▸ Produktion eigener Publikationen [Pressemitteilungen, Flyer, Broschüren, Website], um eigene Kommunikationsziele zu untermauern und eine nachhaltige Kommunikation über den Event hinaus zu ermöglichen [Dokumentation für Nichtbesucher].

Strategie des Kennenlernens

Architekten Denzer und Poensgen, Köln [D]

Der *Tag der Architektur* ist eine Initiative der Architektenkammer Nordrhein-Westfalen, die unter derselben oder anderen Bezeichnungen auch in anderen Bundesländern besteht. Nach dem Motto *Architektur für alle* laden Architekten unterschiedlichster Disziplinen Interessierte ein, vor Ort neue Bauwerke und Objekte zu besichtigen, mit Architekten und Bauherren ins Gespräch zu kommen. Der *Tag der Architektur* findet im Fernsehen, in der Fach- und vor allem Publikumspresse [lokal und überregional] Beachtung: Gebäude werden gezeigt und vorgestellt, Namen genannt, Interviews mit Architekten geführt. Die Auswahl der Objekte sowie die Organisation und Finanzierung der jeweiligen Veranstaltungen erfolgen eigenverantwortlich durch den Architekten. Aufgabe der Kammern ist die Koordination und die zentrale Öffentlichkeitsarbeit. Die Teilnahme ist in Nordrhein-Westfalen offen, in einigen anderen, wie in Hessen, gibt es ein Auswahlverfahren durch die Kammern.

Die Architekten Andrea Denzer und Georg Poensgen aus Köln haben über den *Tag der Architektur* die Erfahrung gemacht, dass anspruchsvolles Bauen auf dem Land schwierig, aber durchsetzbar ist, mit Öffentlichkeitsarbeit sogar Akzeptanz finden und Nachfolgeaufträge mit sich bringen kann. Ihr kubisches Einfamilienhaus mit Flachdach und introvertierter Formensprache inmitten eines Eifel-Dorfes südwestlich von Köln war bei Behörden und Anwohnern vor und beim Bau auf Ablehnung und Skepsis gestoßen.

Breite Zustimmung fand das Gebäude allerdings durch die Besichtigungsmöglichkeit und ein Fest für Freunde, Handwerker, Behördenvertreter und Dorfbewohner anlässlich des *Tags der Architektur 2000*. Die Architekten und die Architekturqualitäten des Hauses kennen zu lernen, war so überzeugend, dass die Architekten innerhalb eines Jahres das dritte Projekt vergleichbarer Art im Ort verwirklichen konnten. Positiven Einfluss hatte ebenfalls die von den Architekten initiierte Berichterstattung in der Lokal- und Fachpresse. Die Verleihung des Architekturpreises des Bundes Deutscher Architekten Rhein-Sieg bestätigte die Architekten, die alten und die neuen Bauherren.

Strategie des Erlebens

gmp von Gerkan Marg und Partner, Hamburg [D]

Seit 1993 findet im Drei-Jahres-Rhythmus der *Hamburger Architektursommer* statt. Veranstalter ist der Hamburger Architektursommer e.V., eine *architekturkulturelle Bürgerinitiative* [Dr. Ullrich Schwarz, Geschäftsführer der Architektenkammer Hamburg]. In diesem Verein haben sich Kulturinstitutionen und Architekturbüros zusammengeschlossen, um gemeinsam in Eigenverantwortung eine mehrmonatige Veranstaltungsreihe zu organisieren. Die Architektenkammer stellt die organisatorische Infrastruktur; finanziert wird der Architektursommer weitgehend über Sponsoren und den Senat der Hansestadt. Beim Architektursommer 2000 fanden 60 Einzelveranstaltungen von 40 Veranstaltern statt: Führungen, Tagungen, Perfomances, Installationen und Ausstellungen. Den Rahmen bildeten große themengerechte Wanderausstellungen, die von den Hamburger Kulturinstitutionen terminlich auf den Architektursommer abgestimmt wurden. Insgesamt 200.000 Besucher wurden 2000 gezählt. Dies ist insbesondere auf die großen Kulturveranstaltungen zurückzuführen.

Die Architekten von Gerkan Marg und Partner nahmen den Hamburger Architektursommer 2000 zum Anlass für eine Ausstellung mit dem Titel: *modellvirtuell – Analoge und digitale Medien in der Architektur von gmp*. Die Ausstellung wurde einen Monat lang in der Speicherstadt gezeigt. Anhand von Modellen, Zeichnungen, Fotografien und Animationen wurde die Arbeitsweise und der hohe Standard der Architekturdarstellung im Büro gmp dokumentiert. Über die Vielfalt und die Anschaulichkeit der Präsentation gelang es gmp außerdem, ein Fachthema auch für breite Kreise der Öffentlichkeit aufzubereiten. Für die Fachwelt und die Fachpresse wurde eine auf Kompetenz orientierte Öffentlichkeitsarbeit betrieben. So hielt Frau Prof. Ingeborg Flagge, Direktorin des Deutschen Architektur Museums Frankfurt, den Einführungsvortrag zur Vernissage; ein Katalog und eine CD-ROM mit Animationen lieferte dem Thema adäquate Darstellungen.

„Ausstellungen und Ausstellungsdesign sind für uns ein wichtiges Instrument der Öffentlichkeitsarbeit, Imagebildung und der integrativen Unternehmenskommunikation. Sie ermöglichen alle an der Planung und dem Bau Beteiligten einzubeziehen und den Dialog auf einer erweiterten Ebene fortzuführen." [Bernd Pastuschka, Leiter der Abteilung Kommunikation und Öffentlichkeitsarbeit gmp]

von Gerkan, Marg und Partner

modellvirtuell

Ausstellung modellvirtuell,
Hamburger Architektursommer, gmp
von Gerkan Marg und Partner

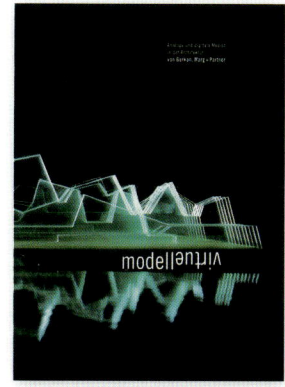

virtuellmodell

Analoge und digitale Medien in der Architektur **von Ge**

/Strategie der Begegnung: plan – Forum aktueller Architektur in Köln

Von Kay von Keitz und Sabine Voggenreiter

Auch wenn der Begriff Kommunikation inzwischen reichlich strapaziert wirkt: plan ist tatsächlich vor allem eine Kommunikationsidee. Insgesamt geht es bei plan um die anschauliche und direkte Thematisierung von Architektur aus unterschiedlichen Perspektiven für unterschiedliche Zielgruppen. Ausgangspunkt hierfür waren die Bedürfnisse der Architekturbüros. Sie sollten mit ihren Vorstellungen oder auch *Visionen* von Architektur und Städtebau die Hauptdarsteller der Gesamtveranstaltung sein. *Architektur aus erster Hand*, so könnte der übergreifende Arbeitstitel von plan lauten. Ein einwöchiges Forum aktueller Architektur, um über gegenwärtige architektonische Ideen und Projekte zu informieren und für sie zu werben.

Werbung bedeutet hier vor allem: Interesse schaffen, in Kontakt treten, nicht auf die Anerkennung durch Fachzeitschriften und Wettbewerbe warten und sich nicht allein auf deren Wirksamkeit verlassen. Somit haben wir plan als multifunktionales Darstellungswerkzeug konzipiert, das einerseits den verschiedensten Formen der Architekturpräsentation als Plattform dient, andererseits auf mehreren Ebenen Dialogmöglichkeiten eröffnet. Die Ausstellungen, Eingriffe, Aktionen, Vorträge, Diskussionen, Workshops, Symposien, etc. ermöglichen den Kontakt zu Multiplikatoren, zu Fachleuten aus Medien, Politik, Privatwirtschaft und öffentlicher Verwaltung, aber auch zu einzelnen Bauherrn und zu einem breiten Kulturpublikum. Letzteres ist ein bedeutender *Bildungs*-Faktor, der gerade in Architektenkreisen oft genug unterschätzt wird. Denn, wenn sich das Gesamtklima des Interesses an engagierter Architektur verbessert, hat das auch marktwirtschaftliche und politische Auswirkungen.

Die Potenziale und Perspektiven, die wir mit plan verbinden, lassen sich am besten durch den Begriff Festival ausdrücken: ein temporäres Netzwerkangebot mit Ereignischarakter, das einem weiten Architektur-Panorama Raum bietet. Dadurch, dass plan inhaltlich wie räumlich ein variabler Parcours ist, sind die Bedingungen für Aktualität und Experimentierfreudigkeit besonders günstig. Ein Festival ist aber auch ein geeignetes Andocksystem für Sonderprogramme wie etwa plan-a, den von uns realisierten architektur- und stadtraumbezogenen Kunstprojekten, oder plan-camp, der gemeinsam mit der Stadt Köln initiierten Workshop-Serie zu Stadtentwicklungsthemen.

Zur Veranschaulichung der unterschiedlichen Projektformen sollen hier einige wenige Beispiele aus über 120 Einzelausstellungen der letzten drei Jahre genannt werden:

Bei plan99, als das Forum zum ersten Mal stattfand, zeigte das Hamburger Büro Bothe Richter Teherani eine umfassende Werkschau im Rheinauhafen, also am Ort ihres in Köln gewonnenen Wettbewerbs. Schilling Architekten schlossen sich mit 11 anderen renommierten Büros wie Grimshaw oder Gatermann+Schossig zusammen und präsentierten realisierte Projekte zum Thema Gewerbebauten. Besonderer Clou der Gruppenschau war das Exkursionsangebot zu den realen Objekten im Kölner Umland.

Während plan2000 taten sich neun verschiedene Büros aus ganz Deutschland zu dem BDA-Projekt *Auf die Plätze ...!* zusammen und nahmen Eingriffe auf sieben Kölner Innenstadtplätzen vor. Das Büro Fischer+Fischer lud sogar den Künstler Daniel Tschannen dazu ein, eine platzfüllende

plan 01

Logo plan01 *[links]; Aktion* Platz da Reinhard Angelis und Barbara Willecke *[oben rechts]; Projekt* Zusatzraum *[mitte und unten rechts],* exilhäuser architekten

Installation vorzunehmen. *Die Streifen auf der Straße markieren auch die Streifen im Kopf,* kommentierte der Architekt Reinhard Angelis seine Platz-Aktion. Für ihn ist die *urbane Intervention* ein methodischer Ansatz, um die Diskussion über Stadträume voranzutreiben. Das junge Münchner Büro Exilhäuser hingegen stellte mitten auf den Rudolfplatz seinen *Zusatzraum*: ein flexibel ausstattbares Architekturprodukt, das als Ergänzungsmodul für unterschiedlichste Gebäude dienen kann. Anlässlich von plan2000 konnte mit Hilfe eines Sponsors der Prototyp gebaut werden. Ein großes Medienecho und Kaufanfragen waren die Folge.

Verstärkt wird dieses umfangreiche Programm der teilnehmenden Büros alljährlich durch Institutionen und Museen. Für plan01 hieß das: Beteiligung des Museum Ludwig mit seinem Umbauprojekt durch Rem Koolhaas/OMA und des Diözesanmuseums mit seinem Neubauprojekt von Peter Zumthor, der vor Hunderten von Besuchern *Werkgespräche* führte. Im Wallraf-Richartz-Museums schließlich war durch das Engagement des Kölner Institut Français eine Ausstellung des Centre Pompidou zu dem von Jean Nouvel gewonnenen Pariser Museumswettbewerb *Quai Branly* zu sehen.

Wir haben plan als ein offenes und synergetisches System konzipiert. Die Nutzungsmöglichkeiten von plan werden auch in den nächsten Jahren noch längst nicht ausgeschöpft sein. Ein öffentlicher Schauplatz für Premieren und Preisverleihungen, Spektakuläres und Spezielles, Pragmatisches und Kontroverses, für Begegnungen und Kontakte... – ein Festival eben, dessen positive Atmosphäre schon bei den ersten Malen zu spüren war.

… so ein Haus.

Klappern gehört zum Handwerk. Die alte Volksweisheit gilt heute für die gesamte Wirtschaftswelt, sei es in der Werbung für Produkte oder für Dienstleistungen. Für den Wettbewerb um Dienste *höherer Art*, wie die freiberuflichen Leistungen von Ärzten, Apothekern, Rechtsanwälten oder eben Architekten, gelten eigene Regeln. In ihrem Charakter ideell, persönlich und individuell, dürfen diese aus Gründen des Kundenschutzes und der Qualitätssicherung nur sachlich bewertet werden. Der freie Architekt untersteht daher einem Standesrecht mit Regelungen zur Berufsausübung und einer Honorarordnung. Lange Zeit bestand sogar ein Werbeverbot. Die Öffnung der Märkte, national und grenzüberschreitend, führt zu einer zunehmenden Liberalisierung und Internationalisierung des Berufsbildes wie des Berufsrechtes. Die zentralen Parameter der Freiberuflichkeit verändern sich. Die Marktorientierung erfordert vom freien Architekten auch Werbung [der Begriff *Werbung* wird in diesem Kapitel vereinfacht für Unternehmenskommunikation gebraucht]. Ehemals pauschale Werbeverbote sind heute aufgehoben. Nach wie vor besteht jedoch ein rechtsverbindlicher Berufskodex: Werbung von freien Architekten muss sachlich sein, mit dem eigenen Werk werben, darf nicht vergleichen und der freiberufliche Status des Werbenden muss erkennbar sein. Werbung im Kontext strategischer Kommunikation erfüllt nicht nur die rechtlichen Bedingungen, sondern setzt auf die originären Qualitäten und die Alleinstellungsmerkmale der Freiberuflichkeit.

Die Marktentwicklungen sind in vielen Ländern Europas und auch den USA ähnlich, die rechtlichen Bedingungen für Werbung und Kommunikation vergleichbar. Noch bestehende nationale Unterschiede gleichen sich allmählich einander an.

/Die Freiheit der [Werbe-]Regeln

Von Edgar Haupt

Grundlage für die Berufsausübung des Architekten ist das Berufsrecht. Über dieses werden Marktzugänge [Qualifikationen] und das Vergaberecht bestimmt. Aufgrund der Harmonisierung besteht in allen Mitgliedsstaaten der Europäischen Union eine einheitliche Rechtsgrundlage für die Berufsausübung. Dies ist auf europäischer Ebene die Architektenrichtlinie mit Regelungen zur Anerkennung von Qualifikationen und zur Niederlassung von Architekten. Die Architektenrichtlinie 85/384 EWG erfasst alle Arten von Architektentätigkeiten: die selbstständige und unselbstständige, die freiberufliche und gewerbliche. Sie gilt nur für Hochbauarchitekten; Bestimmungen für Innen- und Landschaftsarchitekten sowie Städteplaner sind in der Hochschuldiplomrichtlinie 89/48 EWG niedergelegt. In der Dienstleistungsvergaberichtlinie 92/50 EWG schließlich werden die Verfahren zur Vergabe öffentlicher Dienstleistungsaufträge für den gesamten Bereich der öffentlichen Architekten- und Ingenieuraufträge geregelt. Die Richtlinie betrifft öffentliche Aufträge ab einem Wert von netto 200.000 Euro. [1] Als Vergabeverfahren sind vorgesehen:

- ▸ offene Verfahren
- ▸ nicht offene Verfahren
- ▸ Verhandlungsverfahren
- ▸ Wettbewerbe [als nationale Auslobungsverfahren].

Die Teilnahme an öffentlichen Wettbewerben darf ab besagtem Wert bei öffentlichen Vergabeverfahren nicht eingeschränkt werden. Private Auftraggeber sind allerdings nicht zur Auslobung von Wettbewerben verpflichtet. Die Konkretisierung der europäischen Richtlinien erfolgt über nationales Recht und Berufsordnungen. Aufgestellt vom Gesetzgeber und den jeweiligen Standesorganisationen, enthalten diese Regeln zur freiberuflichen Tätigkeit des Architekten: Organisation und Berufsethik, den Wettbewerb untereinander, Honorierung und Werbung. [2]

Die folgenden Ausführungen zu Berufsrecht und Berufsordnung beruhen auf der Situation in Deutschland, sind jedoch in ihren wesentlichen Merkmalen auf viele Länder Europas und die USA übertragbar.

Die Vergabe von freiberuflichen Planungsleistungen erfolgt von jeher nicht im Preis-, sondern im Leistungswettbewerb. Nicht das Honorar, sondern die Qualität der Planung und die fachliche Leistung des Anbieters stehen im Vordergrund. Dies dient der Qualitätssicherung, da *billige* Honorarangebote betriebswirtschaftlich durch niedrige Budgets zwangsläufig zu Abstrichen in der Qualität führen müssen. Grundlage der Vergabe soll das Vertrauen des Auftraggebers in die Qualifikation des Auftragnehmers sein. Folge ist die Trennung von Planung und Bauausführung. Diese Haltung liegt auch der 1997 neu geschaffenen Verdingungsordnung für freiberufliche Leistungen [VOF] zu Grunde. Die VOF ist die Umsetzung der Dienstleistungsvergaberichtlinie der EU in deutsches Recht.

Für Architekten hat der Architektenwettbewerb eine Sonderstellung unter den möglichen Vergabeverfahren. Mehr als in andern Ländern der Europäischen Union haben sich Architektenwettbewerbe in Deutschland als das wichtigste Instrument zur Optimierung und Auftragsvergabe von Planungsleistungen bewährt. Architektenwettbewerbe haben sich außerdem immer wieder als Sprungbrett für junge Architekten in die Selbstständigkeit erwiesen. Insgesamt spielen sie allerdings eine marginale Rolle in der Existenzgründung und -sicherung, da eine eklatante Diskrepanz zwischen der Zahl der Architekten und der Wettbewerbe besteht. So wurden mit Stand zum 1. Januar 2002 in Deutschland 111.741 Architekten registriert. Davon sind gut die Hälfte als freie Architekten tätig. [3] Je nach Region schwankt die Zahl der öffentlichen und privaten Wettbewerbe. Mehr als ein paar Hundert pro Jahr sind es in Deutschland jedoch nicht. Im Jahr 2001 wurden in Nordrhein-Westfalen 73 Wettbewerbe durchgeführt. [4] Die Wirksamkeit von prämierten Wettbewerbsbeiträgen als Werbemittel bleibt davon unbenommen.

Kennzeichen der Freiberuflichkeit

Architekt ist ein *freier* Beruf; diese freiberufliche Tätigkeit ist durch typische Merkmale gekennzeichnet:

- Architekten leisten *Dienste höherer Art*. Dabei stehen sie in einer Gemeinwohlverpflichtung. Planen und Bauen ist ein gesellschaftlich relevanter Prozess.
- Freie Architekten unterstehen daher einem berufsethischen Kodex.
- Freiberufler erbringen ideelle, persönliche und individuelle Leistungen. Die Leistungen werden in wirtschaftlicher Selbstständigkeit, zumindest aber in eigener Verantwortung sachgerecht erstellt.

- Die geistige Leistung lässt sich vorab nicht beschreiben, ihre Beschreibung setzt vielmehr voraus, dass sie bereits erbracht ist.

Diese Charakteristika schlagen sich in Deutschland in folgenden Regelungen nieder:

- im Vergaberecht [siehe oben]
- in einer verbindlichen Honorarordnung
- in der Verpflichtung zur Kammermitgliedschaft
- in der jeweiligen Berufsordnung der zuständigen Kammer.

Honorarordnung: Für die gerechte Bewertung geistiger Leistungen wurde eine Honorarordnung für Architekten und Ingenieure [HOAI] eingeführt. In Leistungsbildern werden die Tätigkeiten des Architekten beschrieben, das Entgelt kalkulierbar gemacht. Die Gebührenordnung soll Übervorteilungen des Auftraggebers verhindern und die Angemessenheit des Honorars und die Qualität der Dienstleistung sicherstellen. Die Honorarordnung ist also auch ein Instrument zur Vertrauensbildung und Qualitätssicherung. Bundesregierung und Europäisches Parlament haben die HOAI anerkannt. Die Mitgliedsstaaten der EU sind prinzipiell befugt, Honorarordnungen festzulegen, auch wenn das in den einzelnen Ländern unterschiedlich gehandhabt wird. [5]

Kammerpflichtmitgliedschaft: Die Kammern sind Einrichtungen der beruflichen Selbstverwaltung und föderalistisch organisiert. Eine wesentliche Aufgabe der Kammern ist es, über die Berufsausübung von Freiberuflern zu wachen und entsprechende Regeln aufzustellen. Die Kammern sind vom Gesetzgeber mit der erforderlichen Hoheitsgewalt ausgestattet; die Mitgliedschaft ist daher gesetzliche Verpflichtung. Die Berufsbezeichnung Architekt ist rechtlich geschützt.

Berufsordnung: Da es in Deutschland 16 Länderkammern gibt, gibt es auch 16 Berufsordnungen. Diese stimmen in den wesentlichen Grundsätzen überein, enthalten insbesondere Regelungen:

▶ zur gewissenhaften Ausübung des Berufs

▶ zu kollegialem Verhalten

▶ zur Achtung des geistigen Eigentums und der geistigen Leistung anderer Planer

▶ zum Abschluss einer ausreichenden Berufshaftpflichtversicherung

▶ zur beruflichen Fortbildung

▶ zum Verbot der Entgegennahme von Provisionen

▶ zur Einhaltung der jeweils gültigen Honorarordnung

▶ zur Beteiligung nur an solchen Wettbewerben, bei denen durch die Verfahrensbedingungen gemäß geltenden bundes- oder landesrechtlichen Vorschriften ein fairer und lauterer Leistungsvergleich sichergestellt ist und in ausgewogener Weise den partnerschaftlichen Belangen von Auslober und Teilnehmer Rechnung getragen wird

▶ zur Wahrung der beruflichen Unabhängigkeit des freischaffend tätigen Architekten

▶ zur Werbung und Bewerbung nur in zurückhaltender und nicht aufdringlicher Form.

Abschied vom Werbeverbot

Mit zwei Urteilen 1987 und 1996 hat das Bundesverfassungsgericht die Grenzen für die Werbung aller freien Berufe neu gezogen. Es hat festgestellt:

▶ Bestimmungen zur Einschränkung der Werbung in den Berufsordnungen der Architektenkammern müssen im Hinblick auf das Grundrecht der Berufsfreiheit aus Art. 12 Abs. 1 Grundgesetz durch hinreichende Gründe des Gemeinwohls gerechtfertigt sein.

▶ Werbeverbote für Architekten verstoßen gegen Art. 12 Abs. 1 Grundgesetz und sind verfassungswidrig, wenn sie bestimmte Werbeträger ohne Rücksicht auf den Inhalt der Werbung von vornherein als unzulässig ausschließen. [6]

Zulässige Werbemaßnahmen

Der freie Architekt darf also grundsätzlich für seine berufliche Tätigkeit und seine Person werben, nach den Baukammergesetzen der Länder und besagten Berufsordnungen der Kammern allerdings in sachlicher Form. Das Werk steht im Vordergrund. [7] Zulässige Werbung umfasst:

▶ Darstellungen des Werkes in Bild und Zeichnung

▶ Beschreibungen der Projekte

▶ der Tätigkeitsschwerpunkte

▶ der Arbeitsweise sowie

▶ Nennung von Titeln, Preisen und Auszeichnungen

▶ in und mit allen geeigneten Medien.

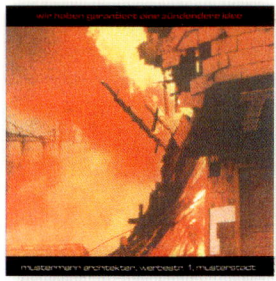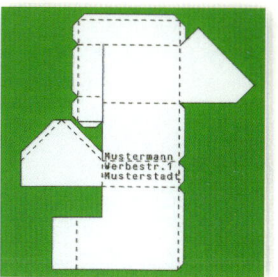

Beispiele unzulässiger Werbung,
Studentenwettbewerb Architektenkammer
Nordrhein-Westfalen

Alle Werbeaussagen müssen objektiv nachprüfbar sein. Aus Sicht des Kunden muss in der Werbung der Status des freiberuflichen Architekten erkennbar sein.

Unzulässige Maßnahmen

Werbung darf die Grenzen zwischen Freiberuflichkeit und Gewerblichkeit nicht vermischen. So darf ein freier Architekt nicht gleichzeitig Häuser planen und verkaufen. Standeswidrig und verboten ist nach wie vor aufdringliche, anpreisende, vergleichende, wertende Werbung. Dazu gehört jede Werbung, die keinen Werkbezug herstellt, also reine Textanzeigen und Werbung, die mit Polemiken oder branchenfremden Metaphern arbeitet. Beispiele wären auch marktschreierische und zudem nicht überprüfbare Behauptungen wie besser als die Natur oder die schönsten Krankenhäuser zu bauen. Beispiele aus einem Studentenwettbewerb der Architektenkammer Nordrhein-Westfalen illustrieren unzulässige Werbemaßnahmen. [8]

Die Grenze zwischen *Noch-Information* und bereits reklamehaftem *Sich-Herausstellen* ist nicht einfach zu ziehen. Die Länderkammern der Architekten bieten daher Hilfestellung bei der Beurteilung der berufsrechtlichen Zulässigkeit bestimmter Werbemaßnahmen an.

Marketing international

Im Folgenden werden die Rahmenbedingungen für die Berufsausübung sowie den Stellenwert des Architekten-Marketings in einigen ausgewählte Ländern dargestellt. Der journalistische Blick über die nationalen Grenzen hinaus illustriert die in der ganzen westlichen Welt fortschreitende, dabei im Kern ähnliche Veränderung der Märkte – und damit auch des freiberuflichen Berufsbildes Architekt. Zentrale Parameter sind dabei die Wettbewerbs- und Vergabeverfahren und die Honorarregelungen. In allen vorgestellten Ländern gibt es Berufsordnungen, die denen in Deutschland ähneln. Adressen im Anhang des Buches bieten die Möglichkeit zur weitergehenden eigenen Information bezüglich Berufsrecht und Werbung, außerdem über die Berufsausübung in Europa überhaupt.

Frankreich Architekten sind auch in Frankreich Freiberufler, organisiert in *L'ordre des architectes*. Diese ist in Regionalverbände und einen nationalen Dachverband gegliedert. Für große öffentliche Bauvorhaben werden Wettbewerbe ausgeschrieben. Insbesondere im Wohnungsbau sind Wettbewerbe obligatorisch. Der offene Wettbewerb gehört jedoch der Vergangenheit an. Heute werden vornehmlich Bewerbungsverfahren ausgeschrieben, sowohl von der öffentlichen Hand wie auch auf dem privaten Sektor. Häufig sind Bieterverfahren, also die gemeinsame Bewerbung von Architekt und Bauunternehmen. Für öffentliche Großprojekte besteht eine Honorarordnung. Auf dem privaten Markt werden die Honorare frei verhandelt. In den Verfahren werden immer häufiger Honorarvorschläge verlangt oder der Bauherr legt die Summe fest. Nach Dominique du Jonchay, PR-Beraterin in Paris, herrscht ein starker Konkurrenzkampf. Marketing bedeute für Architekten in hohem Maße Lobbyarbeit. Üblich bei großen Büros sind eigene Broschüren und Buchpublikationen, insgesamt eine hohe Präsenz in der gesellschaftlich-kulturellen sowie der Fachöffentlichkeit: in Architekturzeitschriften, in Galerien sowie in privaten und staatlich finanzierten Architekturzentren.

Niederlande Erst seit Anfang der 1990er-Jahre ist der Titel *Freier Architekt* geschützt und seitdem gibt es ein Architektenregister. Mittlerweile ist dieses jedoch wieder in der Diskussion, zumal die Berufsausübung nicht grundsätzlich geschützt ist: Auch Nichtarchitekten dürfen Planungsleistungen erbringen. Der Berufsverband *Bond van Nederlands Architekten* [BNA] hat Honorarempfehlungen für seine Mitglieder herausgegeben. Auch wenn der Organisationsgrad im BNA nur etwa 30 Prozent der niederländischen Architektenschaft umfasst, finden diese Empfehlungen allgemein Akzeptanz und Anwendung. Sie sind allerdings nur Ausgangsbasis für Honorarverhandlungen. Aufträge werden in den Niederlanden vielfach direkt oder mittels beschränkter Wettbewerbe vergeben. Üblich ist in beiden Fällen ein Auswahlverfahren mit Einladungen und Präsentationen. Die Bedingungen für die Öffentlichkeitsarbeit sind in den Niederlanden sehr gut, da Architektur hier ein öffentliches Thema ist. Seit 1990 ist es per Gesetz Regierungspolitik, die *kulturelle Komponente* der Architektur zu stimulieren. Zu diesem Zweck wurden drei Institutionen gegründet: das Niederländische Architekturinstitut [NAI], das Berlage Institut und der Förderfonds für Architektur und Stadtentwicklung [Stimuleringsfonds voor Architectuur en Stedenbouw]. Mit dem Förderfonds werden Forschungen, Wettbewerbe, Veranstaltungen und Veröffentlichungen von Architekten und auch Laien finanziell unterstützt. Trotz eifriger Publikationstätigkeit befindet sich Marketing im Sinne einer strategischen Unternehmensführung und Öffentlichkeitsarbeit auch in den Niederlanden noch in einer Anfangsphase.

USA In den Vereinigten Staaten findet eine ähnliche Entwicklung statt wie in Europa. Architekten sind auch hier Freiberufler und unterliegen einer Standesordnung. Die *Principles of Practice* [von 1909] des *American Institute of Architects* [AIA] – die Standesorganisation der Architekten – verboten lange Zeit jegliche Werbung, sogar die Nennung des Architektennamens auf dem Baustellenschild. Wettbewerbe konnten nur unter Führung der AIA durchgeführt werden. Die Honorare waren gemäß des Statuts festgeschrieben. In den 60er-Jahren wurden alle freiberuflichen Berufsstandsregelungen vom Justizministerium als Beschränkung des Wettbewerbs eingestuft. Folge war eine fortschreitende Liberalisierung. Mittlerweile dürfen Architekten in offene Konkurrenz treten [sachlich in Form und Inhalt]. Außerdem wird über die Freigabe der Honorare diskutiert. Zentrale Mittel in der Unternehmenskommunikation sind Fachveröffentlichungen, eigene Publikationen und die Beteiligung an Awards, Architekturpreisen auf lokaler und nationaler Ebene. Diese genießen hohe

Publicity bei Bauherren und Investoren. Da in den USA das Markenbewusstsein hoch ist, werden Architekten- oder Büronamen immer mehr zu Labels, die für bestimmte Inhalte oder Leistungen stehen und folglich explizit im Marketing eingesetzt werden – beispielsweise SOM [Skidmore Owings and Merill], New York und San Francisco, oder auch Murphy-Jahn, Chicago, für High-Tech und Hochhausbau. [9]

Quellen

[1] Angaben auf den Websites der Bundesarchitektenkammer [BAK], Berlin *www.bak.de* und der Länderkammern

[2] Website der Architektenkammer Rheinland-Pfalz *www.akrp.de*

[3] *www.bak.de* und *Deutsches Architektenblatt* [DAB] Heft 05/2002

[4] Architektenkammer Nordrhein-Westfalen *www.aknw.de*

[5] *www.bak.de* und *www.aknw.de*

[6] *Bricsnet Arcat* Deutschland, Baunet-Informationssystem *www.baunet.de* und Juristisches Internetprojekt Saarbrücken *www.jura.uni-sb.de*

[7] Baukammergesetz des Landes Nordrhein-Westfalen §15, Abs. 6, Hinweise zu Ziffer 6.18 der Berufsordnung, Architektenkammer Hessen *www.akh.de*

[8] *Zulässige Formen der Werbung – Richtlinien, Hilfestellungen*, Broschüre der Architektenkammer Nordrhein-Westfalen *www.aknw.de*

[9] Angaben aus einer Artikelserie von Jane Kooleeny und Charles Linn, AIA, in der Zeitschrift *Architectural Record* Ausgaben 02, 03 und 05/2001.

/Architekturmarketing in Großbritannien

Von Peter Murray

Im Jahre 1979 beschloss der Ausschuss des *Royal Institute of British Architects* [RIBA], den Verhaltenskodex des Instituts abzuändern und den Architekten die Vermarktung ihrer Dienstleistungen im Hinblick auf potenzielle Kunden zu gestatten. Über Nacht wandelte sich die eher anrüchige *Auftragswerbung* zum sehr viel akzeptableren *Marketing*. Man dachte damals, dass die wohl tiefgreifendste Änderung für die Architekten darin bestünde, dass sie ihre Dienstleistungen in Zeitungen und anderen Presseerzeugnissen anbieten würden. Wie sich zeigte, inseriert kaum ein Architekt in der Presse; die meisten publizieren eine eigene Firmenbroschüre, einige eröffneten eine Website. Viele verfügen jedoch über keine Marketingplanung. *Wordsearch* gab für die Architecture Foundation das Buch *New Architects* heraus, das auf Anregung des Ministeriums für Kultur, Media und Sport publiziert wurde. Damit sollten jüngere Architekturunternehmen unterstützt werden; zu viele Großprojekte waren bis anhin an die erfolgreichen und etablierten Unternehmen vergeben worden. Das Ministerium hoffte, dass das Buch diverse Behörden dazu ermutigen würde, Aufträge in einem erweiterten Umfeld zu platzieren. Für jüngere Unternehmen bedeutet die Aufnahme in die *New Architects* Bücher eine Starthilfe; für mehrere, in der Erstausgabe von 1998 enthaltene Firmen hat sich die Publikation als wirksames Marketinginstrument erwiesen. Ein Unternehmen hat aufgrund der Veröffentlichung 12 Aufträge erhalten; Auftraggeber benutzen das Buch, um Konkurrenzlisten zu erstellen; Zeitungen und Magazine suchen darin nach Projekten, die sie ihren Lesern vorstellen können.

Großbritannien besitzt eine äußerst aktive Zeitschriftenkultur; professionelle Wochenmagazine wie *The Architectures Journal, Building Design* und *Building,* monatlich erscheinende Publikationen wie *Architectural Review, Architecture Today, Blueprint,* das *RIBA Journal* und *World Architecture* sowie zahlreiche Spezialzeitschriften. Auch artverwandte Publikationen wie *Estates Gazette* und *Property Week* sind fachbezogene Promotionsinstrumente. Alle großen nationalen Zeitschriften beschäftigen aktive und höchst kompetente Architekturjournalisten.

Etabliertere Unternehmen brauchen eine umfangreiche Skala von Promotionsinstrumenten. Einige Unternehmen beauftragen Beratungsfirmen mit der Betreuung des Pressewesens, andere führen hauseigene Presseabteilungen. Die jeweilige Lösung hängt von den Bedürfnissen der einzelnen Unternehmen ab. So hat beispielsweise die Bedeutung arbeitsspezifischer Dokumente in den letzten Jahren dort zugenommen, wo sich Architekten um den Zuschlag für die Bearbeitung von Projekten bemühen, seien dies nun Initiativen der öffentlichen Hand, Ausschreibungen, OJEC Unterbreitungen oder Konkurrenzangebote. Trotz des Einflusses neuer Technologien gilt die Broschüre nach wie vor als wichtigstes Marketinginstrument.

Ungefähr drei Jahrzehnte nachdem das Royal Institute of British Architects den Verhaltenskodex geändert hatte, erwarb das RIBA für £ 126.000.- die Website-Adresse *www.architecture.com*, was die Bedeutung des Internet für die Architektur-Promotion aufzeigt. Die RIBA-Website enthält die vom Institut zusammengestellte Unternehmerliste mit Verbin-

dungen zu den individuellen Websites – etwas mehr als 40 Prozent der auf-gelisteten Unternehmen verfügen über einen eigenen Internetauftritt.

Architecture.com wirbt auch für den Kundenberatungsdienst *Clients Advisory Service* [CAS] des Instituts, der Daten zu mehr als 25000 Projek-ten der 4000 im UK registrierten Unternehmen umfasst. Der Beratungs-dienst stellt für potenzielle Kunden eine Liste von Unternehmen bereit, die über professionelle Erfahrung in den jeweils gewünschten Sparten verfügen. Im Jahre 1999 beantwortete der Beratungsdienst mehr als 5000 Anfragen von Kunden, wovon 67 Prozent dem vom CAS vorgeschlagenen Unterneh-men einen Auftrag erteilten. Die Website enthält Links mit Titeln wie *Wa-rum einen Architekten beiziehen?, 103 Dinge, die Architekten tun*, Wettbe-werbe, ein Kundenforum sowie Listen von Unternehmen in Australien und in den USA. Portale wie *RIBA* oder *www.archinet.co.uk* vermitteln den Kun-den Namen von Architekten und bieten über deren individuelle Websites Zugang zu Informationen über ihre Arbeit und mögliche Dienstleistungen.

Ausstellungen können sich für ein Unternehmen als beliebtes und wirksames Promotionsinstrument erweisen. So finden regelmäßig vom RIBA organisierte regionale Ausstellungen statt, die Royal Academy und das Bri-tish Council stellen bestimmte Arbeitsgebiete vor, und es sind Ausstellungen über Infrastruktur-Design, Restaurants, Innenausstattung und Unterhalt zu sehen. Die innovativeren Beraterfirmen planen und gestalten Ausstellungen

für ihre Klienten, während sich andere Architektur- und Bauunternehmen selbstständig – in Eigenpromotion – präsentieren.

Es finden zahlreiche Veranstaltungen zu den unterschiedlichsten Ar-beitsgebieten statt, sodass die Unternehmer die für sie geeignetsten aussu-chen können. Ein Teilhaber der Firma *Kohn Pedersen Fox*, der dort mit dem Aufbau einer neuen Abteilung betreut wurde, erzählte mir, dass ihm Gene Kohn – einer der weltbesten Architekturpromoter – riet: „Besuch ein paar Konferenzen und trommle einige Aufträge zusammen". Ein schlichter Rat-schlag dieser Art kann heute, wo professionelle Marketingstrategien an-scheinend immer komplexer werden, als beruhigender Gradmesser dienen. Insbesondere, wenn er von einem Mann stammt, dessen Leistungen den Erfolg seiner Marketingstrategien beweisen.

Bauherren erinnern sich an große Gebäude, von denen alle sprechen.

Credits

/Bildnachweise

49 website **Petzinka Pink Architekten** Auftraggeber **Petzinka Pink Architekten** Konzept, Redaktion, Design und Programmierung **Petzinka Pink mit Elke Herrnberger und Udo Englert**

50_51 website **Richard Rogers Partnership** Auftraggeber **Richard Rogers Partnership** Agentur **Nykris** Design **Nikki Barton [CD]** Interactive Design **Arron Bleasdale** Produktion **Shashi Desai** Redaktion **Richard Rogers Partnership**

52_53 Image- und Unternehmensbroschüre **Harms & Partner Bauingenieure** Auftraggeber **Harms & Partner GbR** Konzept und Design **Manuel Kubitza** Redaktion **Manuel Kubitza, Johannes Marburg und Otto Reinebeck** Text **Edgar Haupt**

54 Projekt **Erweiterung Hauptverwaltung GSW, Berlin** Architekten **sauerbruch hutton architekten** Projektsteuerung und Objektüberwachung **Harms & Partner Bauingenieure** Fotografie **Manuel Kubitza**

55 Projekt **CargoLifter Werfthalle, Brand** Architekten **SIAT Architektur + Technik** Fotografie **Manuel Kubitza**

56 Projektbroschüren **Petzinka Pink Architekten** Herausgeber **Petzinka Pink Architekten** Fotografie **Tomas Riehle** Druck **Hans-Joachim Plitt**

61 Projekt **Dynaform** Architekt und Verfasser **ABB Architekten**

62 Projekt **Zeche Graf Bismarck** Architekt und Verfasser **OX2architekten**

62_63 Projekt **Prague 8 Docks** Architekt und Verfasser **OX2architekten**

63 Projekt **Hauptbahnhof Stuttgart** Architekt **Ingenhoven Overdiek und Partner** Zeichnung **Peter Wels**

65 Projekt **Marienburger Straße, Köln** Architekt und Auftraggeber **Klaus Müller** Visualisierung **GODD.com**

66 Projekt **Internationale Szenarien der Virtuellen Stadt.** Ein virtuelles Stadtmodell als Drehort für 3D-Animationssequenzen. Auftraggeber **Communications World Medien GmbH** Entwurf, Produktion, Animation **GODD.com**

67 Projekt **NBV/UGA Versteigerung** – Überprüfung der Raumgeometrie im Versteigerungssaal. Auftraggeber **NBV/UGA GmbH, Straelen-Herongen** Architekt **Architekturbüro Schroers** Visualisierung, Videoanimation **GODD.com**

68 Projekt **Internationale Szenarien der Virtuellen Stadt.** Ein virtuelles Stadtmodell als Drehort für 3D-Animationssequenzen. Auftraggeber **Communications World Medien GmbH** Entwurf, Produktion, Animation **GODD.com**

69 Projekt **Wettbewerb HBF Salzburg [1. Preis]** Architekt und Auftraggeber **K. Kada mit G. Wittfeld** Visualisierung **GODD.com**

80_81 Sonderdrucke **Architekt Kauffmann Theilig und Partner** Zeitschriften **AW Architektur + Wettbewerbe Heft 183, Dezember 1999, Karl Krämer Verlag, Stuttgart, Context 3 architecture urbanism landscape Korea 9911 No 183, Baumeister 10/1997, Callwey Verlag, München, GLAS Architektur und Technik 2/1998, Deutsche Verlags Anstalt, Stuttgart, wettbewerbe aktuell 1/2001 Wettbewerbe aktuell, Verlags GmbH Füssen** Buch **Fliegende Bauten Temporary Buildings, avedition, Stuttgart 1997**

83 Artikel **Zeitgenössische Oper** Architekten **Gewers Kühn und Kühn** Zeitschrift **Neue Zürcher Zeitung N.Z.Z. NZZ-Verlag Zürich 29.11.2001** Autor **Georg-Friedrich Kühn** Visualisierung **bünck + fehse** Bearbeitung **Herausgeber**

85 Artikel **Swiss Re Verwaltungsgebäude Soodring** Architekten **schnebli ammann menz s.a.m. architekten und partner ag** Zeitschrift **Intelligente Architektur Heft 4/2002 Verlagsanstalt Alexander Koch Stuttgart** Autor **Friedrich Dassler**

89 Projekt **SEVENS** Architekt **RKW Rhode Kellermann Wawrowsky Architektur + Städtebau** Eigenpublikationen Architekten und diverse Zeitungen

93 Logo **Tag der Architektur** Auftraggeber **Architektenkammer Nordrhein-Westfalen** Design **Diethard Adt**

95 Katalog **modellvirtuell** Architekt und Herausgeber **gmp von Gerkan Marg und Partner** Konzeption **Tomas Nowack EXTENDED MEDIA und Bernd Pastuschka** Verlag **Ernst & Sohn, Berlin 2000**

/Autoren, Dank

Jan Esche *geb. 1957; Dr. phil.* Studium der Geschichte, Kunstgeschichte und Politologie, 1991–1993 Redaktion *Architektur & Wohnen*, Hamburg, 1993–1997, Mitarbeit Architekten *gmp von Gerkan Marg und Partner*, Hamburg, 1997–2000 Architekten *Ingenhoven Overdiek und Partner*, Düsseldorf, seit Juli 2000 Architekten *RKW Rhode Kellermann Wawrowsky Architektur + Städtebau*, Düsseldorf.

Edgar Haupt *geb. 1958; Dipl. Ing. Arch.* 1992–1995 Tätigkeit in verschiedenen Architekturbüros in Köln und Dresden. Seit 1992 Tätigkeit für Print- [*db, DBZ, Baumeister, FAZ*] und Online-Medien [*BauNetz, mybau.com*], Buchautor, seit 1996 *Satzbau* Journalismus, Kommunikation und Marketing für Architektur und Bauwesen.

Markus Junker *geb. 1968; Dipl.-Ing. Arch.* 1997 Gründung des Design-Büros *GODD.com group of dangerous designers* mit J.H. Junker, Köln, 2000 Lehrauftrag für Architekturtheorie, 2000–2002 Vertretungsprofessur Computergestütztes Entwerfen an der FH-Aachen, FB Architektur.

Jens Kallfelz *geb. 1969;* Studium Fotodesign und Publizistik, 1992 Gründung der Kommunikationsagentur *KopfKunst*, Münster, seit 1996 in Köln, seit 1998 in Bremen, Geschäftsführer und Bereichsleiter Konzeption und Strategische Kundenberatung.

Kay von Keitz *geb. 1965;* Studium Kulturwissenschaften und ästhetische Praxis an der Universität Hildesheim, seit 1993 freie Projektarbeit im Bereich aktuelle Kunst, redaktionelle und gestalterische Betreuung von Publikationen, freier Autor in den Bereichen zeitgenössische Kunst und Architektur, seit 1998 Initiierung und Realisation von *plan – Forum aktueller Architektur* in Köln, gemeinsam mit Sabine Voggenreiter.

Manuel Kubitza *geb. 1966; Dipl. Des.* Studium Visuelle Kommunikation an der Fachhochschule Dortmund, verschiedene Ausstellungbeteiligungen und Publikationen. 1996–2001 Geschäftsführer und leitender Kreativer bei KopfKunst, Netzwerk für Kommunikation, seit 1995 selbstständig und freiberuflich mit eigenem Designbüro in Köln tätig; Themen: Strategische Kommunikationsberatung, Design und Fotografie.

Peter Murray ist Vorsitzender von *Wordsearch*, einer Agentur für Architekturkommunikation. Er war Redakteur von *Architectural Design*, *Building Design* und des *RIBA Journals* sowie Herausgeber von *Blueprint*. Murray war Mitglied des Architectural Association Council, stellvertretender Vorsitzender der *Bedford Park Society* und ehrenamtlicher Sekretär des *Architecture Club*. Er war Organisator der Ausstellung *New Architecture, the World of Foster Rogers Stirling* und Kurator der Ausstellung *Living Bridges*.

Sabine Voggenreiter *geb. 1956*; Studium Literatur- und Kunstwissenschaft, Philosophie in Marburg, erfand und entwickelt seit 13 Jahren das internationale Design-Veranstaltungsprogramm *PASSAGEN* in Köln, seit 2001 organisiert sie auch ein New Yorker Design-Programm: *PROSPECTS*, zahlreiche Ausstellungen und Publikationen zu den Schwerpunkten Design, Architektur, Kunst.

Indira Banerjea, Angelika Bisseling, Jürgen Kosmalla, Corinna Merzyn, Oliver Pol, Dr. Evelyn Portz, Angeli Poulsse, Tomas Riehle, Christof Rose, Barbara Schäffer, Enrico Santifaller, Christian Schlosser, Ann-Catrin Schultz, Uli Seher, Axel Sowa und Meike Weber haben durch ihr Wissen, ihre Kreativität oder ihre tatkräftige Unterstützung einen wesentlichen Beitrag zum Gelingen dieses Buchs geleistet.

Die Autoren und alle Architekten mit ihren Mitarbeitern haben zur inhaltlichen Vielfalt des Buches beigetragen.

Ihnen allen gilt unser Dank.

Als Architekt werden Sie sagen:

Meine Architektur spricht für sich!

In diesem Kapitel befindet sich ein Index mit Stichwörtern und Suchbegriffen für das schnelle Nachschlagen. In einem Glossar werden zentrale Begriffe des Marketings und der Kommunikation erläutert, soweit diese für die Branche relevant sind. Es befinden sich dort auch einige Begriffe, die nicht im Buch verwendet wurden, die man aber kennen sollte. Das Glossar erhebt keinen Anspruch auf Vollständigkeit. Ein vertiefendes Lehr-, Studien- und Nachschlagewerk ist: Ingomar Kloss, Werbung, Oldenbourg Wissenschaftsverlag, München, 2000. Ein ausführliches Lexikon bietet: Klaus Merten, Das Handwörterbuch der PR [2 Bände], F.A.Z.- Institut, Frankfurt am Main, 2000. Im Adressenteil sind nationale und internationale Berufsorganisationen aufgeführt. Diese bieten weitergehende Informationen über länderspezifische Bestimmungen und Vorschriften, etwa zum Berufs- und Standesrecht.

/Glossar

Akquisitionsstrategie Handlungskonzept zur Auftragsbeschaffung, von der Markenbildung über das Kommunikationsdesign bis zur Öffentlichkeitsarbeit.

Beziehungspflege Inhaltliche und informelle, dabei zielgerichtete Kontakte zu allen Teilöffentlichkeiten zur Vermittlung der Markenwerte und Akquisition.

Bluff Charmanter und geschickter Vereinnahmungs- oder Täuschungsversuch.

Budget Finanzieller Rahmen, der für einen bestimmten Zeitraum für die Konzeption und Durchführung von Maßnahmen zur Verfügung steht. Kalkulationen für Einzelmaßnahmen sollten sich an den Vorgaben des Budgets orientieren.

Businessplan Plan zur Unternehmensführung mit Angaben zur Struktur, zu Kurzzeit- und Langzeitzielen. Er ist Wegweiser und Kontrollinstrument für Unternehmensentscheidungen.

Coaching Personenbezogene Beratungen und Hilfestellungen, deren Ziel die Anleitung und Unterstützung in persönlichen Findungsprozessen und in der Kommunikation ist.

Community Affairs [Relations] Kommunikationsbeziehungen eines Unternehmens im regionalen Umfeld.

Corporate Communications Sammelbegriff für die gesamte, nach strategischen Zielen gestaltete und eingesetzte Unternehmenskommunikation. Ziele sind die Prägung eines Images und die Akquisition.

Corporate Design Unverwechselbare gestalterische Umsetzung der Unternehmensidentität [Marke] im gesamten Erscheinungsbild.

Corporate Identity Unternehmensidentität aus dem architektonischen Schaffen, dem Leistungsprofil und dem Erscheinungsbild; operativ: Selbstdarstellung und Auftreten nach innen und außen, kommunikativ: einheitliche und unverwechselbare Ausrichtung aller Handlungen. Basiert auf der Unternehmensphilosophie und den Unternehmenszielen, ist Teil des Businessplans.

Corporate Mission Ausformulierung und Vermittlung der Unternehmensphilosophie und -ziele, der Kernkompetenzen und Tätigkeitsfelder.

Dienstleistungsmarke Ausbildung eines unverwechselbaren kreativen und fachlichen Leistungsangebotes, mit dem Ergebnis einer einzigartigen und individuellen Werkleistung.

Direktmarketing Unmittelbarer Kontakt zwischen Architekturbüro und [potenziellen] Kunden.

Evaluation Erfolgs- und Wirkungskontrolle von Kommunikationsmaßnahmen mit Methoden wie Medienresonanzanalyse, Markt- und Meinungsforschung sowie Feed-Back-Schleifen [z.B. Besucherbefragungen].

Event-PR Bekanntmachen und Werben für Veranstaltungen unterschiedlichster Art.

Governmental Affairs [Relations] Aktivitäten zur Kontaktpflege mit Regierung und Administration.

Image Fremdbild oder Vorstellungsbild, das sich Außenstehende [potenzielle Kunden, Medien, Konkurrenz] von einem Unternehmen oder [Dientsleistungs-]Produkt machen. Ein Image ist subjektiv; es entsteht durch psychologische und kommunikative Prozesse. Verallgemeinerungen und Hervorhebungen einzelner Eigenschaften bilden die Grundlage für positive oder negative Bewertungen. Das Image lässt sich durch gezielte Kommunikation beeinflussen.

Imageanalyse Teil der Situationsanalyse und Grundlage für Kommunikationskonzepte.

Inner Affairs [Relations] Gestaltung von internen Kommunikationsprozessen zur Identitätsstiftung, Identifikation und Motivation der Mitarbeiter.

Integrierte Kommunikation Abstimmung aller internen und externen Kommunikationsmittel zur Effizienzsteigerung.

Ist-Analyse Ermittlung der Büro- und Marktsituation; Ausgangslage für Identitätsbildung und Businessplan.

Kommunikation Austausch von Informationen und Emotionen. In der klassischen Produktwerbung meist ein einseitiger Prozess: vom Werbungtreibenden hin zum Umworbenen. In der modernen Werbung ist Kommunikation der Sammelbegriff für die Vermittlung von Unternehmenszielen und Werten im Dialog mit dem Adressaten.

Kommunikationsberatung Dienstleistung zum Aufbau einer strategischen Unternehmenskommunikation, vom Corporate Design bis zur Öffentlichkeitsarbeit; ist im Managementbereich angesiedelt.

Kommunikationskonzept Planungsstrategien zur Umsetzung von Kommunikationszielen; steht im Einklang mit Unternehmenszielen und Businessplan.

Kommunikationsmanagement Professionelle Planung, Organisation und Durchführung der Kommunikationsbeziehungen auf allen Vermittlungsebenen und in allen Teilöffentlichkeiten [extern und intern]. Zur Umsetzung einer Corporate Identity ist das Kommunikationsmanagement auf der strategischen Ebene angesiedelt.

Leitmedium Das von Umfang und Inhalt her führend eingesetzte Medium in der Unternehmenskommunikation.

Lobbying Interessengeleitete und informelle Kontaktpflege zu Medienvertretern, politischen Entscheidungsträgern, Ämtern, Behörden und Organisationen.

Markenkommunikation Vermittlung der Markenwerte mittels zweckgerichteter Gestaltung und strategischem Einsatz aller Kommunikationsinstrumente.

Marketing Die unternehmerische Konzeption, die davon ausgeht, dass sich alle unternehmerischen Aktivitäten zur Erreichung der Unternehmensziele [Verkauf und Vertrieb von Produkten oder Leistungen] immer am Markt zu orientieren haben. Hinter diesem Marketingbegriff – der für traditionelle Architekten ein Umdenken erfordert – steht ein Verfahren der Ist-Analyse und Zieldefinition, ein Cluster von Handlungs-, Akquisitions- und Kommunikationsstrategien.

Media Affairs [Relations] Information und Beziehungspflege zu Medien, explizit zu Medienvertretern.

Medienresonanzanalyse Auswertung von Berichterstattungen unter inhaltlichen und qualitativen Frage stellungen und Bewertungen [zusätzlich zu den quantitativen]. Aus den Ergebnissen lassen sich Rückschlüsse auf Meinungstendenzen ziehen.

Medienstrategie Grundsätzliche Darlegung der Methode, mit der das Kommunikationsziel erreicht werden soll.

Öffentlichkeitsarbeit Informations-, Image- und Kontaktpflege als Teilbereich der Unternehmenskommunikation.

Positionierung Zielformulierung einer Stellung am Markt [und in der Öffentlichkeit], die vorher nicht vorhanden war. Sie basiert auf den Kompetenzen, die in der Ist-Analyse erarbeitet wurden.

Pressearbeit Information über und Begleitung von Bürotätigkeiten so- wie von PR-Aktivitäten. Aufbau und Pflege von Beziehungen zu Redaktionen und Journalisten.

Promotion Das Synonym für Werbung bezeichnet alle Maßnahmen zur direkten Verkaufs- und Absatzförderung. Reizanimation ist Teil des Produktmarketings, nicht des Wettbewerbs um *höhere* Dienstleistungen von Freiberuflern. Promotion ist daher nach dem Standesrecht nicht zulässig.

Public Relations Der Begriff wurde in den USA geprägt und bezeichnet im ursprünglichen Sinn die Beeinflussung der Meinungsbildung mit Hilfe der Massenmedien. Heute umfasst er alle Tätigkeiten zur öffentlichen Information und Beziehungspflege.

Publikationsstrategie Handlungskonzept für die Erstellung und den zielgerichteten Einsatz von eigenen Publikationen [Print, Online], außerdem das Erscheinen in Fremdpublikationen wie Zeitschriften, Büchern, Onlineprodukten.

Ranking Rangordnung oder bewertete Rangliste. Beispielsweise der Rang einer Website in der Trefferliste einer Suchmaschine. Mit Ranking wird außerdem die quantitative Erfassung von Medienberichten in Rankinglisten bezeichnet.

Relaunch Wiederbelebung [Neukonzeptionierung] einer Marke, die bereits am Markt vertreten und deren kommunikative Wirkung stagniert oder rückläufig ist.

Signet Künstlerisch gestaltetes [Bild-]Zeichen, Schriftzug oder Signal zum Zweck des Markeneinsatzes.

Sponsoring Erhöhung des Bekanntheitsgrades oder der Imagebildung durch Unterstützung von Veranstaltungen oder Tätigkeiten durch Geld-, Sach- oder Dienstleistungen. Der Gewinn für den Sponsor und den Gesponserten liegt in der positiven Aufmerksamkeit für die Unterstützung und das Engagement.

Strategie Handlungskonzept zur Erreichung von Unternehmens- bzw. Kommunikationszielen. Strategisches Handeln unterliegt der Zieldefinition, dem Erreichen der Zielgruppen, der Positionierung und damit der erfolgreichen Akquisition.

Strategieentwicklung Der Begriff bezeichnet in der Kommunikation Planungskreativität, die Vorstellungskraft und Fantasie mit Logik und Realitätsnähe verbindet.

Strategisches Marketing Zielgerichtete, marktorientierte Unternehmensführung zur Erreichung einer definierten Marktstellung [Positionierung] mit Hilfe branchenübergreifender und branchenspezifischer Marketingwerkzeuge [Kommunikationsdesign, Markenbildung, Visualisierung, Öffentlichkeitsarbeit].

SWOT-Analyse Einfache und schnelle Methode zur Beurteilung der Geschäftslage; Parameter sind Stärken [Strengths], Schwächen [Weakness], Chancen [Opportunities] und Risiken [Threats].

Teilöffentlichkeit Gruppe aus Individuen, die sich als Öffentlichkeit konstituiert, die in der Gesamtöffentlichkeit ein gesondertes kollektives Interesse verfolgt. Teilöffentlichkeiten sind nicht abgegrenzt, können sich über verschieden lange Zeiträume bilden und auch wieder verändern. Sie sind nicht gleichzusetzen mit Zielgruppen, können aber eine wichtige Rollen in kommunikativen Prozessen einnehmen.

Unternehmenskommunikation Siehe Corporate Communications.

Werbung Begriff aus der Produktvermarktung zum Zwecke des Verkaufens. Sie verspricht Konsumenten die Erfüllung ihrer Wünsche. Werbung besteht aus Behauptungen, die sie nicht zwangsläufig auch beweisen muss. Kommunikation und Öffentlichkeitsarbeit werden in der Umgangssprache häufig mit *Werbung* gleichgesetzt, ohne dasselbe zu bedeuten. Siehe auch: Kommunikation.

Zielgruppe Personenkreis, an den sich ein [Dienstleistungs-]Produkt oder die Kommunikation allgemein richtet und der mittels der eingesetzten Medien und Maßnahmen angesprochen wird. Die Analyse von Zielgruppen und deren Erreichbarkeit ist zentrale Aufgabe der Unternehmenskommunikation.

/Adressen

Folgende nationale und internationale Organisationen bieten weitergehende, länderspezifische Informationen zu den Themen Berufs- und Standesrecht, Marketing für Architekten und Bauen im Ausland.

Europa

Architects Council of Europe [ACE]
Rue Paul Emile Janson 29
B-1050 Brusselles
Tel. +32[0]2/54 31 140
Fax +32[0]2/54 31 141
E-Mail info@ace-cae.org
www.ace-cae.org

Union Internationale Des
Architectes [UIA]
51, Rue Raymond
F-75016 Paris
Tel. +33[0]1/45 24 36 88
Fax +33[0]1/45 24 02 78
www.uia-architectes.org

Internationale Organisationen sind auch über Links der Bundesarchitektenkammer www.bak.de und über den Online-Informationsdienst www.BauNetz.de zu erreichen.

Arbeiten im Ausland

Informationen über die Bedingungen zur Berufsausübung für Architekten in 59 Ländern bietet: www.coac.net; stellvertretend für Informationen der Länderkammern der Link der Architektenkammer Nordrhein-Westfalen www.aknw.de/service/recht-arbeiten.htm

Deutschland

Bundesarchitektenkammer [BAK]
Bundesgemeinschaft der Architektenkammern
Askanischer Platz 4
D-10963 Berlin
Tel. +49[0]30/26 39 440
Fax +49[0]30/26 39 44 90
E-Mail info@bak.de
www.bak.de
Das BAK vermittelt die Adressen der 16 deutschen Länderkammern.

Bund Deutscher Architekten [BDA]
Köpenicker Straße 2002 e.V.
D-10179 Berlin
Tel. +49[0]30/27 87 990
Fax +49[0]30/27 87 99 15
E-Mail BDA@BDA.BauNetz.de
www.BDA.BauNetz.de

Bund Deutscher Baumeister
Architekten und Ingenieure e.V.
Willdenowstr. 6
D-12203 Berlin
Tel. +49[0]30/84 18 970
Fax +49[0]30/84 18 97 22
E-Mail info@baumeister-online.de
www.baumeister-online.de

Frankreich

Conseil National de l'Ordre des
Architectes [CNOA]
9, rue Borromée
F-75015 Paris
Tel. +33[0]1/56 58 67 00
Fax +33[0]1/56 58 67 01
E-Mail info@cnoa.com
www.architectes.org

Großbritannien

Royal Institute of British Architects
[RIBA]
66 Portland Place
GB-London W1B1AD
Tel. +44[0]207/58 05 533
Fax +44[0]207/25 51 541
E-Mail admin@inst.architecture.com
www.architecture.com

Italien

Consiglio Nazionale degli Arachitteti
[CNA]
Via S. Maria dell'Anima 10
I-00186 Roma
Tel. +39[0]6/68 89 901
Fax +39[0]6/68 74 520
E-Mail esteri.cna@archiworld.it
www.archiworld.it

Niederlande

Bond van Nederlandse Architekten
[BNA]
Keizersgracht 321
NL-1016 EE Amsterdam
Tel. +31[0]20/55 53 666
Fax +31[0]20/55 53 699
Email bna@bna.nl
www.bna.nl

Österreich

Bundeskammer der Architekten-
und Ingenieurkonsulenten
Karlgasse 9
A-1040 Wien
Tel. +43[0]1/50 55 807
Fax +43[0]1/50 53 211
E-Mail office@arching.at
www.arching.at

Schweiz

Conférence Suisse des Architectes
[CSA]
CP 1434
Ch-2001 Neuchatel
Tel. +41[0]32/72 98 288
Fax +41[0]32/72 98 289
E-Mail csa-arch@vtx.ch
www.architectes.ch/csa

Schweizerischer Ingenieur- und
Architektenverein [SIA]
Selnaustraße 16
Ch-8039 Zürich
Tel. +43[0]1/28 31 515
Fax +43[0]1/20 16 335
www.sia.ch

Spanien

Superior Council of Colleges of
Architects of Spain [CSCAE]
Paseo de la Castellana 12, 4 Piso
E-28046 Madrid
Tel. +34[0]91/43 52 200
Fax +34[0]91/57 53 839
E-Mail consejo.inter@arquinex.es
www.arquinex.es/consejo

USA

American Institute of Architects [AIA]
Office of International Relations
1735 New York Avenue
Washinton D.C.
20006-5292 USA
Tel. +1 202/62 67 315
Fax +1 202/62 67 421
www.aiaonline.com

/Index

Aber spricht sie auch für Sie? – *Und wer hört ihr zu?*

AKQUISITION UND MARKETING

MANAGEMENTBERATUNG FÜR ARCHITEKTUR- UND INGENIEURBÜROS

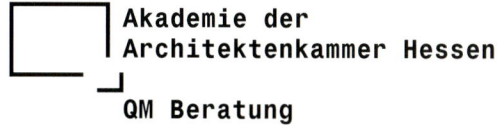

**Akademie der
Architektenkammer Hessen
QM Beratung**

Wir bieten Ihnen überregional individuelle Unterstützung beim Aufbau Ihrer Akquisitionsstrategie. Zur Steigerung und Optimierung Ihres Wirkens haben wir verschiedene Produkte entwickelt – unsere kostenlose Info-Mappe zeigt Ihnen die Möglichkeiten!

Auch auf folgenden Gebieten präsentieren wir Ihnen ein umfangreiches Programm zur Fortbildung und Beratung:

Management
(Qualitätsmanagement, Controlling, Optimierung)
Nachfolgeregelung (Bürowertermittlung)
Existenzgründung
Neue Berufsfelder (Baukoordination/Arbeitsschutz, Generalplanung, Projektsteuerung, Facility-Management, Mediation)

QM-Beratung für Architektur- und Ingenieurbüros
Akademie der Architektenkammer Hessen
Mainzer Straße 10
65185 Wiesbaden

Andrea Koller   Dipl.-Ing. Architektin
E-Mail: qm@akh.de
Tel.: 0611.173850
Fax.: 0611.173848

Ein guter Architekt muss nicht zwangsweise bekannt sein.

Essay
Wozu brauchen wir eigentlich Architekten?

Von Manuel Kubitza und Oliver Pol